Vos collaborateurs sont vos premiers clients :
renforcez l'efficacité de vos pratiques RH
en vous appuyant sur les méthodes du marketing

3 méthodes marketing pour les RH

Marque employeur, Recrutement, Expérience Collaborateur

Avec la collaboration de
Jean-Noël Chaintreuil
Benjamin Chrétien
Jérémie Dornbusch
Julia Drupt
Bertrand Espitalier
Jean Pierre Giron
Christophe Kuhner
Carole Leprovost
Séverine Loureiro
Pierre Menant
Camille Morvan
Eric Robin
Yann Schimmer
Hervé Solus
Valérie Vax

Sous la direction de
Gabriel Dabi-Schwebel

Rédaction
Chloé Duval

1MIN30 PUBLISHING

Sommaire

INTRODUCTION

INTERVIEWS

LA VACHE POURPRE

CHAPITRE 1
La marque employeur

CHAPITRE 2
La stratégie d'acquisition candidat

CHAPITRE 3
L'expérience collaborateur

CONCLUSION

Les 3 méthodes marketing pour les RH vous aident à...

Initier la transformation des pratiques au sein de votre département RH

Vous avez en main les meilleures méthodes du marketing appliquées aux RH. En fonction de vos objectifs et de vos contraintes, vous allez pouvoir développer de nouveaux outils et favoriser le changement de façon structurée et progressive, via une démarche collaborative.

Mieux comprendre vos candidats et attirer les meilleurs

Les canvas vous aident à vous poser les bonnes questions, pour une meilleure compréhension des besoins et des attentes de vos candidats. Vous comprendrez mieux ce qui fait qu'un collaborateur fraîchement embauché va vouloir non seulement rester dans votre entreprise, mais aussi s'engager à ses côtés et mettre son énergie au service de votre développement.

Aligner vos pratiques RH sur votre marque employeur

Lorsque le discours RH et la réalité vécue par les candidats ou les collaborateurs ne sont pas alignés, l'effet produit risque d'être particulièrement contre-productif. Cette dissonance génère du désengagement. Vous trouverez dans ce livre des méthodes qui permettent de penser l'alignement du discours et des actions RH.

Améliorer votre expérience collaborateurs

L'expérience collaborateurs est une thématique d'actualité, c'est aussi un sujet vaste et complexe. Par quel côté l'aborder ? Peut-on espérer l'analyser dans sa globalité et le comprendre de façon systématique ? Ce livre vous propose une approche structurée.

Les 3 méthodes marketing pour les RH sont pensées pour...

Le dirigeant

- qui a besoin d'améliorer sa visibilité et son attractivité employeur, sans devenir dépendant de la compétition par les salaires
- qui veut cibler précisément et attirer les talents dont il a besoin, en augmentant ses chances de les garder longtemps

Le DRH ou le directeur administratif

- qui cherche des méthodes pour développer des pratiques innovantes et générer de nouvelles idées dans son équipe
- qui pense utile d'intégrer le top management, les départements clés mais aussi les collaborateurs de l'entreprise à la conception de la stratégie RH

Les équipes RH

- qui visent à se démarquer des entreprises concurrentes en cherchant l'excellence employeur
- qui souhaitent engager sur le long terme des transformations profondes dans leurs pratiques et leurs approches

Les 3 méthodes marketing pour les RH seront utiles...

Aux PME, TPE, ETI...

- pour s'assurer de n'oublier aucun point essentiel dans la construction de leur stratégie RH
- pour s'appuyer sur une méthode qui leur fera gagner en efficacité et permettra de gagner du temps dans l'élaboration de leurs actions de recrutement

... comme aux grands groupes

- à la recherche de méthodologies innovantes pour renouveler leurs approches RH
- désireux d'aligner leurs départements marketing, communication, RH et leurs managers autour d'une « stratégie collaborateurs » partagée

Vous allez adorer les 3 méthodes marketing pour les RH si vous êtes...

Découragé face à des difficultés de recrutement récurrentes

Vous savez que vous allez devoir travailler sur votre attractivité employeur car...

- Les postes à pourvoir sont nombreux mais les bons candidats le sont moins
- La concurrence devient agressive en matière de recrutement
- Les candidats deviennent de plus en plus exigeants dans leurs attentes
- Vous êtes à la recherche de profils rares et très recherchés
- Vous êtes implanté dans une région loin des grands centres urbains
- Vous avez besoin de rajeunir la moyenne d'âge de vos collaborateurs

Un peu perdu devant la multiplicité des nouveaux outils RH

Avant de vous lancer dans une vaste étude de marché vous aimeriez...

- Définir précisément vos objectifs et votre plan d'action RH
- Pouvoir vous appuyer sur des méthodes structurées et adaptées à votre entreprise pour faire avancer votre réflexion
- Disposer d'outils qui vous aident à prioriser vos actions et vos investissements
- Avoir une vue d'ensemble des différents outils du RH marketing et de leur rôle

Frustré de constater que le « vécu » de vos collaborateurs ne semble pas aligné sur votre Promesse Employeur

Des signaux indiquent que le discours RH et la pratique ne se rejoignent pas toujours…

- Les avis postés sur Glassdoor ne vont pas dans le sens que vous attendez
- Votre Promesse Employeur paraît désincarnée et ne trouve pas d'écho concret chez les collaborateurs
- Les candidats paraissent surpris de leur expérience lors du process de candidature
- Votre taux de recrutement ne répond pas à vos espérances
- Le taux de turn over est un problème pour la croissance de l'entreprise

Fatigué de lutter pour obtenir les budgets dont vous avez besoin

Pour arriver à vos fins, vous devez réussir à…

- Démontrer les impacts de la politique RH sur le développement de l'entreprise
- Impliquer votre direction et l'amener à faire des choix engageants
- L'amener à adhérer à votre vision
- La convaincre de la nécessité de moderniser votre gestion RH et d'innover dans vos pratiques
- Lui démontrer que vous avez les outils pour faire bouger les pratiques RH et susciter l'engagement des collaborateurs

Parce que vos collaborateurs
sont des clients
comme les autres…

…ils méritent d'être étudiés
et compris avec la même
attention que vos clients.

C'est dans ce but que nous avons
rassemblé, formalisé et réinventé

3 méthodes Marketing pour les RH

Marque Employeur, Recrutement, Expérience Collaborateur

Attirer et garder les candidats potentiels

- Améliorer le parcours de recrutement
- Aligner l'expérience candidat sur votre marque employeur
- Attirer plus de candidats
- Attirer les meilleurs candidats
- Accompagner les nouvelles recrues pendant la phase d'intégration

3 méthodes Marketing pour les RH

Un guide pratique pour accompagner la transformation de ses pratiques RH, explorer, choisir, appliquer, et créer sa boîte à outils personnelle

Construire une communication RH forte et différenciante

- Générer une identité employeur forte et engagée
- Attirer des candidats alignés sur votre culture d'entreprise et vos valeurs
- Développer la visibilité et la notoriété de la marque employeur à l'externe
- Communiquer en interne sur les actions RH

Obtenir le meilleur de vos collaborateurs

- Encourager les relations de confiance
- Développer l'autonomie des collaborateurs
- Viser à avoir des collaborateurs loyaux et engagés
- Convertir des collaborateurs en ambassadeurs de l'entreprise
- Susciter de la fierté chez vos collaborateurs

Parce que vos collaborateurs sont des clients comme les autres...

Collaborateur, client : même combat !

Consommateur, citoyen, client, avec le développement du digital le collaborateur **a vu son mode de vie, ses usages et ses attentes se transformer.**

Il s'attend à ce que son vécu à l'intérieur de l'entreprise soit en phase avec ce qu'il vit à l'extérieur, que ce soit en termes d'outils, de modes d'interactions ou d'expérience.

Aujourd'hui les collaborateurs **veulent que leur entreprise s'adapte à leur mode de vie** et leur laisse une certaine souplesse dans la gestion de leur vie privée et de leur vie professionnelle.

Le collaborateur a plus d'exigences et n'hésite pas à les exprimer...

...notamment sur des plateformes dédiées aux avis des collaborateurs. De même qu'un client donne une note à son séjour à l'hôtel sur Tripadvisor, **un collaborateur note son entreprise** sur Glassdoor (ou autre plateforme). Cet avis aura plus d'impact sur ses pairs que le discours de l'entreprise elle-même.

S'il est heureux de sa collaboration avec son entreprise, il en deviendra naturellement **le prescripteur**, il recommandera à son réseau d'y travailler ou d'en acheter les produits et services.

Il pourra aller jusqu'à porter l'image de la marque employeur vers l'extérieur, en jouant le rôle **d'ambassadeur.**

- Donne son avis sur Internet
- Crée un dialogue avec l'entreprise
- Attend qu'on lui propose des outils simples, fluides, efficaces, rapides
- Exige de l'écoute, qu'on comprenne son besoin
- Accorde de l'importance aux émotions
- Veux vivre une expérience
- S'engage pour l'entreprise s'il est content
- Privilégie une relation de confiance et de transparence
- Aspire à ce que son action ait un sens

Parce que vos collaborateurs sont des clients comme les autres...

L'expérience collaborateur a des répercussions immédiates sur l'expérience client.

Les RH sont donc désormais au coeur de la stratégie de l'entreprise, car la satisfaction des collaborateurs est un véritable enjeu business. Les entreprises qui s'intéressent au sujet ne sont pas animées par le « simple » désir de favoriser leur bien-être.

Ne pas le faire peut coûter cher à l'entreprise :

- d'abord parce qu'on risque de ne pas attirer les talents dont on a besoin ;
- ensuite parce que les coûts du turn over ou d'un recrutement raté peuvent être considérables et freiner le développement.

A l'inverse, prendre soin de ses collaborateurs, c'est directement **augmenter le chiffre d'affaires.**

Certaines entreprises le mesurent d'ailleurs de façon très précise.

« Nous avons découvert que l'engagement des employés expliquait deux tiers de nos scores en matière d'expérience client. Et si nous parvenons à augmenter la satisfaction client de cinq points sur un compte, nous enregistrons une hausse des revenus de 20% en moyenne »

Diane Gherson, DRH de IBM, 2019
Harvard Business REview

Le collaborateur est un client potentiel pour son entreprise.

En tant que client, il devra faire l'objet des mêmes attentions qu'un client « lambda ». Il porte sur son entreprise **un regard à la fois extérieur et de l'intérieur.** Il est sensible à la qualité des prestations de l'entreprise qui l'emploie.

A tout moment de son parcours de vie, il pourra d'ailleurs entretenir d'autres liens que ceux de salarié avec son entreprise actuelle : fournisseur, prestataire free lance, consultant...

L'équilibre des forces penche souvent en faveur des talents

Côté recrutement, l'équilibre des forces s'est inversé ces dernières années. Aujourd'hui, il penche le plus souvent en faveur des talents. En règle générale, **ce sont les candidats qui choisissent leur entreprise et non plus l'inverse.**

L'entreprise doit donc se démarquer face à la concurrence et **rivaliser de créativité pour attirer les talents** dont elle a besoin.

Sans collaborateurs,
pas de croissance possible !

[FOCUS] Satisfaction collaborateurs et satisfactions clients,qu'en dit la théorie ?

La symétrie des attentions*

Elle naît de la conviction que **la qualité des relations d'une entreprise avec ses clients est égale à la qualité des relations de cette entreprise avec l'ensemble de ses collaborateurs.**

Modélisée en 2000 au sein du groupe Accor, elle s'appliquait alors à des collaborateurs en contact direct avec des clients (vendeurs, chargés d'accueil, téléconseillers...).

La satisfaction des salariés est considérée comme une condition préalable à la satisfaction des clients. Pour satisfaire ses clients, il faut donc veiller à satisfaire ses collaborateurs... et ses managers.

Les managers jouent un rôle essentiel. L'attention qu'ils portent aux collaborateurs est le miroir de l'attention attendue de la part des collaborateurs à l'égard des clients. Ils font figure d'exemple.

Sur le plan méthodologique, pour mettre en oeuvre la symétrie des attentions, **on mobilise les concepts marketing appliqués habituellement à la relation clients pour élaborer un référentiel de management.**

* Marque déposée par l'Académie du Service

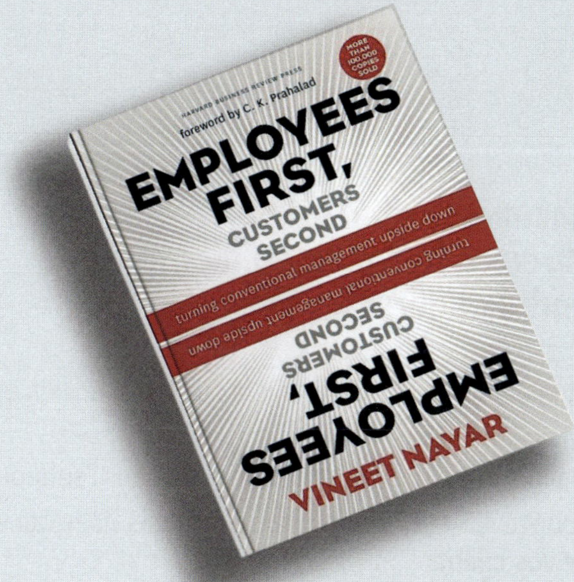

Les employés d'abord, les clients ensuite

Le livre « Employees first, customers second » est publié en 2010 par Vineet Nayar. CEO de HCL Technologies, une multinationale indienne qui fournit des conseils techniques, des solutions informatiques et le développement de logiciels à des entreprises mondiales, Vineet raconte la philosophie innovante qui lui a permis de générer une croissance fulgurante pour son entreprise.

Il renverse les croyances jusqu'alors solidement ancrées, selon lesquelles l'entreprise doit mettre le client au centre. Lui fait l'inverse : **il place les collaborateurs au centre** et renverse la pyramide hiérarchique au sein de son entreprise.

Cette approche non conventionnelle lui a permis de faire de HCL Technologies l'une des entreprises les plus influentes au monde.

Les collaborateurs étant au centre, le management est au service des employés (et non l'inverse). Comment ? **En développant la confiance, en motivant et en responsabilisant ceux qui s'occupent de satisfaire le mieux leurs clients, c'est à dire les employés.**

Les clients (et le business) bénéficient directement de cette transformation. On parle aussi de « management par la confiance ».

… ils méritent d'être étudiés avec la même attention que vos clients

Grâce au marketing, il existe de nombreux outils pour étudier, comprendre et gérer les clients.

Le marketing étudie toutes les manières de tisser un lien entre l'entreprise et son client ou prospect.

- Il joue à la fois **un rôle d'action et d'analyse** dans l'entreprise
- Il sert à concevoir et offrir des produits ou services qui vont **satisfaire vos clients**
- **Il analyse les marchés, les besoins des consommateurs** et l'ensemble des moyens mis en oeuvre par l'entreprise pour influencer leurs comportements, les amener à l'achat, les fidéliser en tant que client, voire même les amener à devenir ambassadeur de la marque

Parmi les outils développés par le marketing et pouvant être utiles aux RH, on trouve par exemple :

- **les études :** études de marché, études consommateurs, études concurrence, études quali ou quanti
- **la segmentation des cibles** et l'approche par la connaissance des personas (portrait détaillé du client cible)
- la conception **d'une offre ciblée,** où les produits et services sont conçus, packagés et commercialisés pour répondre aux besoins d'une cible spécifique
- **les dispositifs de lancement** d'un produit ou d'une offre et la notion de time to market
- **les moyens de mesure** de la qualité de service et de la satisfaction des clients…

… ils méritent d'être étudiés avec la même attention que vos clients

Depuis les années 2000, le développement des outils digitaux a fortement contribué à la transformation des RH. Une partie des tâches se sont progressivement dématérialisées et automatisées, ouvrant de nouvelles opportunités.

Les RH peuvent consacrer plus de temps à la performance de l'entreprise, à l'innovation, à la valorisation et la fidélisation des collaborateurs, à la qualité de vie globale au travail. La gestion des compétences prend une importance croissante, pour accompagner le développement de l'entreprise et celui des collaborateurs.

L'analyse des données RH permet de mieux comprendre les points d'amélioration de l'entreprise et de construire une expérience collaborateur améliorée.

Pour se développer, l'entreprise doit attirer des talents. Pour attirer des talents, elle doit savoir se vendre. Voilà pourquoi les RH ont besoin de s'approprier les méthodes du marketing.

Ces dernières années, les RH ont donc emprunté au marketing ses méthodes et les ont adaptées à la relation collaborateur.

Ce qu'on appelle désormais le « marketing RH » est une approche qui :

- permet de faire face aux nouveaux enjeux du marché du travail, comme transformer son management, rendre l'entreprise la plus attractive possible, la différencier de la concurrence, fidéliser les collaborateurs
- ouvre aux RH de nouvelles opportunités d'action, le développement de l'innovation, la conquête de nouveaux clients via la communication employeur, l'augmentation de la productivité...

Comme les marketeurs, les RH ont tout intérêt à :

- identifier et suivre des indicateurs clés de performance (ou KPIs)
- privilégier un mode de travail collaboratif pour impliquer la direction, les autres départements, les collaborateurs eux-mêmes

Abordez les 3 méthodes marketing pour les RH… dans le sens que vous voulez !

Marque employeur, parcours de recrutement et expérience collaborateur sont 3 facettes de l'identité employeur de votre entreprise. Elles doivent impérativement être en cohérence entre elles. Elles s'influencent et s'enrichissent mutuellement.

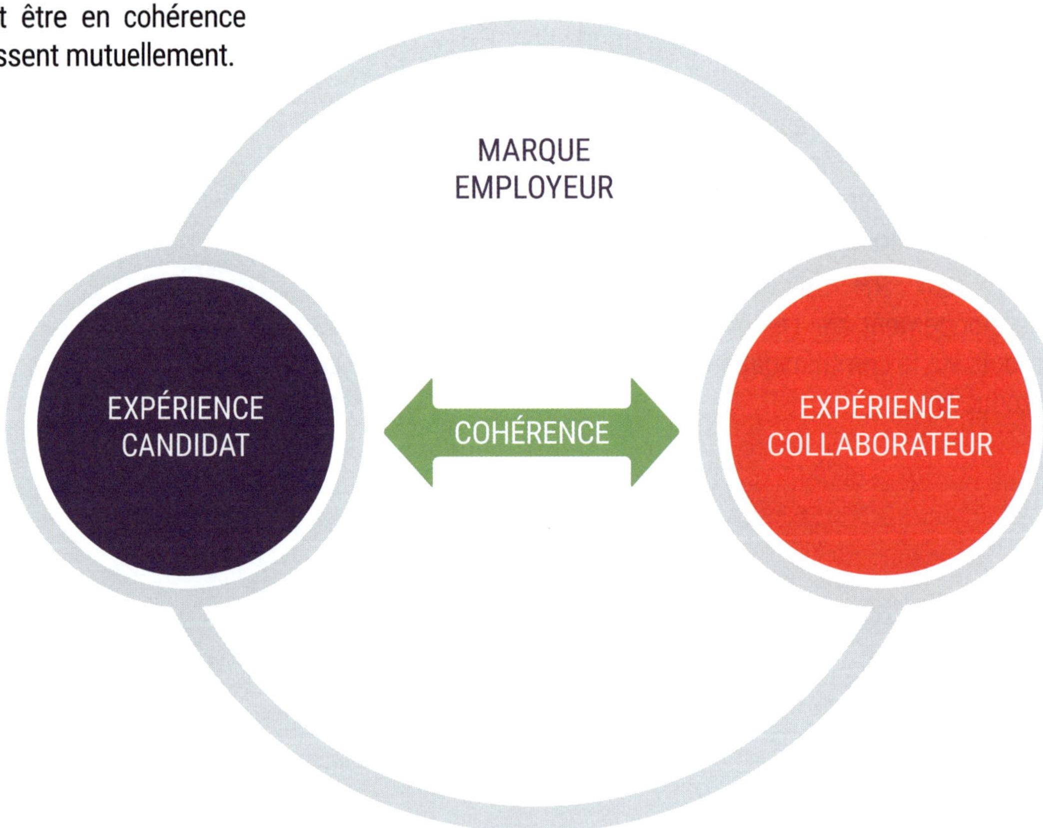

Rien ne vous oblige à suivre l'ordre des chapitres du livre. Vous êtes libre de commencer à travailler en premier l'expérience collaborateur, le parcours de recrutement ou la marque employeur, en fonction de vos priorités et de votre contexte. L'important, c'est qu'au final, les 3 soient alignés pour former une politique RH parfaitement cohérente.

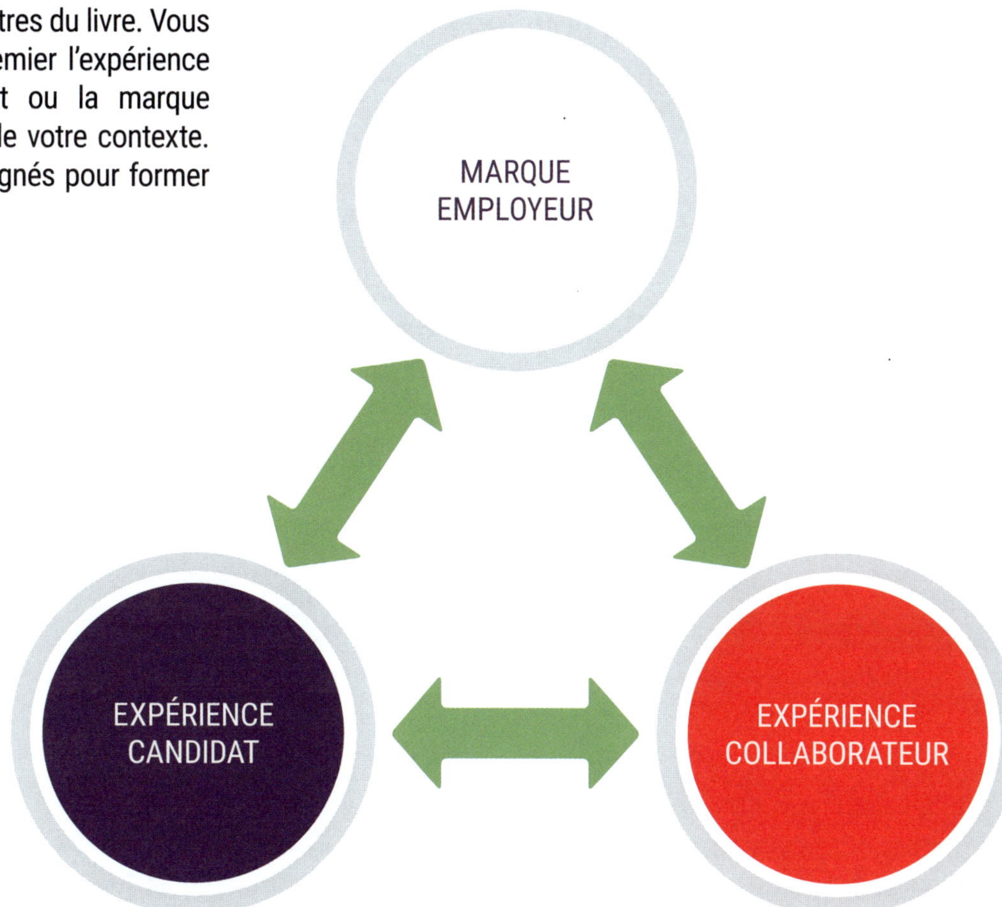

Une méthodologie dans le prolongement de l'Acquisition Strategy Design et des méthodes d'1min30

Les 3 méthodes marketing pour les RH ont été élaborées à partir de méthodologies développées au départ par 1min30 pour répondre à des enjeux de marketing clients.

- La méthode de définition de la marque employeur, avec le Canvas de l'identité employeur, est inspirée de la méthode 1min30 pour travailler sur sa plateforme de marque corporate.
- L'élaboration du parcours candidat et la matrice d'acquisition candidat sont construits sur le modèle de l'Acquisition Strategy Design©, méthodologie 1min30 pour construire pas à pas son plan d'acquisition clients.
- L'amélioration de l'expérience collaborateur reprend l'approche méthodique du Customer Experience (re)Design© qui vise à réenchanter l'expérience client.

Nous avons adapté et remodelé ces méthodes marketing pour qu'elles répondent aux enjeux et au métier bien spécifiques des RH.

Nous avons voulu construire des outils simples, puissants et efficaces, qui nous l'espérons seront utiles aux équipes de toutes tailles.

3 méthodes marketing pour les RH
Marque employeur, Recrutement, Expérience Collaborateur
vous aide à bâtir votre stratégie RH grâce à des outils opérationnels adaptés du marketing

En résumé : notre proposition de valeur pour vous

Suivez le guide !

EN OPTION

Des formations en ligne sur 1min30.tv

- Formation complète sur la méthode
- Interviews et animations complémentaires pour approfondir la compréhension
- Financement possible (CPF, FIF-PL, Pôle Emploi et OPCO)

Suivez bien ce picto, car il vous mènera vers des ressources en ligne gratuites !

Remarque : pour avoir accès à ce contenu en ligne exclusif, vous devrez prouver que vous possédez ce livre. Gardez-le à portée de main afin d'y accéder !

Si vous ne souhaitez pas vous lancer tout seul... nos consultants sont là pour vous aider (rendez vous page 306)

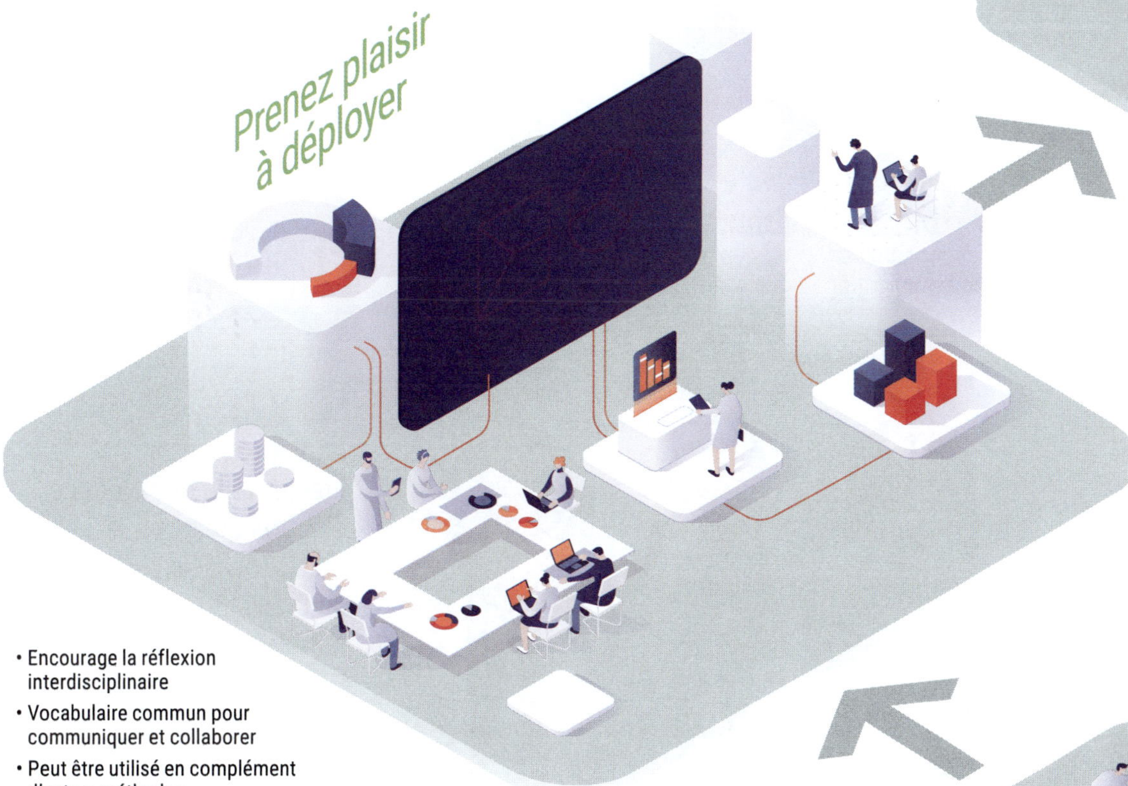

- Encourage la réflexion interdisciplinaire
- Vocabulaire commun pour communiquer et collaborer
- Peut être utilisé en complément d'autres méthodes
- Aide à comprendre les parcours clients et ce qui compte pour eux
- S'adapte à tous les marchés et à tous les budgets
- Permet de faire un audit de l'existant
- Suite d'outils éprouvés et pratiques

- Format visuel pratique et facile à comprendre
- Contenu concis, clair et exploitable
- Donne de vraies orientations
- Détaille les leviers d'acquisition existants et leurs spécificités
- Incite à se poser les bonnes questions

- Permet d'être plus autonome par rapport aux agences
- Aide à créer des plans d'action communication, marketing et vente efficaces
- Aide à réduire les coûts d'acquisition
- Aide à prioriser les actions à entreprendre

Pour illustrer l'application de la méthode, découvrez La Vache Pourpre

L'équipe de la Vache Pourpre nous accompagne tout au long du livre :

Melanie,
CEO

Barbara,
DRH

Amir,
responsable recrutement

Arthur,
responsable de communication

Emma,
responsable commerciale

Lee,
responsable marketing

LA VACHE POURPRE

Leur entreprise, **La Vache Pourpre,** crée et vend des produits électroniques et des logiciels destinés au grand public et aux entreprises.

Fondée en 2010 par Melanie, elle compte aujourd'hui un effectif de 50 personnes.

PS : ces personnes n'existent pas vraiment. En revanche, vous verrez qu'elles sont confrontées à des problèmes qui, eux, sont bien réels !

Avec des clients en B2C....

Sur ce marché de produits électroniques (smartphones, tablettes) La Vache Pourpre a de nombreux concurrents asiatiques qui pratiquent des prix bas. En revanche, elle arrive à sortir du lot grâce à la qualité de ses produits. Ces derniers combinent performance technique, esthétisme et ergonomie.Ils sont haut de gamme et à prix élevé.

... et en B2B

Pour les entreprises, La Vache Pourpre développe des logiciels sur mesure tirant le meilleur parti de ses produits électroniques avec en particulier des logiciels permettant aux commerciaux de faire des présentations depuis leurs tablettes.

La stratégie de La Vache Pourpre s'est avérée payante !

Pour soutenir sa croissance rapide, dûe à une forte demande des clients, et avec l'aide d'investisseurs, La Vache Pourpre projette de tripler ses effectifs sur les 2 ans à venir.

Elle va devoir en particulier étoffer son équipe de développeurs, avec des profils très recherchés par le reste du marché.

Un gigantesque challenge pour la Direction RH et pour l'ensemble de l'entreprise, qui va devoir se transformer sans « perdre son âme ».

Pour illustrer l'application de la méthode, découvrez La Vache Pourpre

Nous ne sommes pas les seuls à vouloir embaucher les meilleurs développeurs. Si nous voulons attirer les candidats, nous allons devoir mettre beaucoup mieux en valeur ce que nous pouvons leur apporter. Et renforcer notre proposition employeur là où elle est insuffisante. On a du pain sur la planche !

Jusqu'à présent nous n'avons pas formalisé notre identité employeur - c'est le moment de le faire.

Si seulement il existait une méthode pour construire sa stratégie RH, adaptée à notre entreprise.

Des outils qui nous aident à identifier nos priorités.

On peut parler de Marque Employeur, mais un des sujets clés, pour moi, c'est la qualité du recrutement. Il nous faut des équipes qui durent un peu plus longtemps, qui ont envie de rester pour soutenir le développement des projets de La Vache Pourpre. C'est bon pour nos clients, de travailler sur la durée avec des développeurs qui les connaissent et qui maîtrisent parfaitement nos process de travail.

Si on travaille sur la communication employeur, je demande à être dans la boucle : il est indispensable d'être complètement cohérent avec la communication corporate.

Nous nous sommes donné 2 ans pour faire grandir l'équipe, il va falloir agir vite et bien.. J'ai trouvé *Les 3 méthodes marketing pour les RH* qui me parait très complet, et en plus propose une approche collaborative. On l'essaie ?

Si ça nous permet d'aller plus vite et de ne rien oublier, oui je suis partante ! Il faut organiser des ateliers de co-construction ? J'aimerais que des collaborateurs terrains soient présents.

L'équipe commerciale connait parfaitement les besoins des clients. Nous allons définir les profils des candidats avec vous, et les fiches de poste.

Emma tu vas trop vite. Avant de parler fiche de postes, définissons la base : la marque employeur. Après, tout sera plus simple. En plus, ça va nous permettre d'avancer sur notre plateforme de marque corporate, qui a évolué depuis qu'on l'a travaillée.

Melanie, CEO

Barbara, DRH

Amir, responsable recrutement

Arthur, responsable de communication

Emma, responsable commerciale

Je vais faire le point sur les chiffres de turn over. Et je voulais réaliser un sondage parmi nos collaborateurs actuels pour prendre le pouls des équipes. Lee, tu peux m'aider là dessus ?

OK. Tu veux de l'information quali ? Ou tu a besoin de chiffres ? On en reparle. Il faudra qu'on définisse précisément ce qu'on a besoin de savoir, c'est ce qui va nous permettre de trouver les bons indicateurs.

Je crois que *Les 3 méthodes marketing pour les RH* vont nous aider à structurer tout ça. Savoir par quoi commencer, identifier nos priorités. Et aborder le chantier de façon méthodique. C'est ce qu'il nous faut !

La marque employeur

Définir sa marque employeur pour faire vivre une identité employeur spécifique et différenciante

Pourquoi est-ce devenu incontournable de définir sa marque employeur ?

Parce que les points de contact avec votre marque se sont démultipliés

Si vous ne définissez pas votre marque employeur, vous risquez d'avoir une communication RH morcelée, sans cohérence entre les différents points de contact.

→ Sans marque employeur, votre identité employeur pourrait apparaître floue, brouillée, diluée.

Parce qu'aujourd'hui les talents ont pris la main

L'époque où les entreprises étaient en position de force face aux candidats est globalement derrière nous. Aujourd'hui ce sont souvent les candidats qui font leur choix, et les entreprises qui ont de plus en plus de mal à recruter. Les bons candidats doivent être « courtisés ».

→ Sans marque employeur, vous risquez de ne pas pouvoir vous démarquer face à la concurrence.

Parce que votre entreprise est aujourd'hui « à découvert »

Votre voix corporate est moins écoutée et, dans bien des cas, moins valorisée que la voix des collaborateurs eux-mêmes.

Les collaborateurs (au sens large : salariés, en CDI ou en CDD, stagiaires, alternants, fournisseurs, prestataires, etc.) ont la liberté de donner leur avis sur leur expérience de travail avec vous...et ne s'en privent pas.

Le digital a accru, pour l'entreprise, l'obligation de transparence et d'authenticité.

Sans marque employeur, votre communication RH risque d'être en contradiction avec l'expérience vécue par les collaborateurs et avec leurs témoignages - donc inefficace, voire contre-productive.

Quels bénéfices attendre d'une marque employeur clairement définie ?

Vous recrutez plus facilement

Pour une bonne partie des candidats aujourd'hui, en particulier ceux des jeunes générations, la culture d'entreprise se place au-dessus du salaire comme moteur de leur motivation.

Au moment de poser leur candidature, ils regardent de près la marque employeur et la « réputation employeur » de l'entreprise.

Ne pas soigner sa marque employeur, c'est donc potentiellement se couper de toute une partie des candidats.

Vous décuplez l'impact de votre communication RH

Votre communication RH est d'autant plus puissante qu'elle s'appuie sur une identité, des valeurs et un positionnement clairement définis.

Au travers de la multiplicité des prises de parole et des canaux de communication, elle reste cohérente, conforme à des guidelines que vous avez précisément définis.

Unifiée sur l'ensemble des supports, elle est reconnaissable partout. Elle occupe un univers visuel qui lui est propre et qui porte les valeurs de l'entreprise.

Vous réduisez vos coûts de recrutement

Travailler votre réputation employeur, c'est investir sur le long terme dans une dynamique positive pour le recrutement, qui vous permet de diminuer vos coûts.

Vous augmentez les actions destinées à attirer les candidats et limitez celles qui consistent à aller les chercher activement. La majorité des recherches d'emploi commence par une recherche en ligne à propos de l'entreprise : la réputation employeur est donc un sujet clé.

Quand vos collaborateurs deviennent des ambassadeurs de votre marque employeur, le recrutement y gagne en qualité et en temps.

Vos employés sont plus engagés, donc plus efficaces

Quand vous communiquez sur votre marque employeur, vous attirez dans l'entreprise plus de personnes susceptibles d'être alignées sur vos valeurs et votre positionnement. Elles deviendront des collaborateurs potentiellement plus motivés, plus engagés.

Or on le sait, les collaborateurs engagés sont plus épanouis dans leur travail, ce qui tend à augmenter leur créativité et leur efficacité.

Travailler sa marque employeur, c'est pour...

... les grands groupes

C'est structurant pour les grands groupes, au vu du nombre de leurs collaborateurs et de la multiplicité de leurs implantations, en France et à l'étranger. Travailler la marque employeur est un moyen de favoriser **la cohésion des équipes** et de **générer du sens** dans une organisation complexe et ramifiée.

Par ailleurs, les grands groupes peuvent avoir **des besoins en recrutement** importants. Pour faire face à la concurrence et rester attractifs, y compris face aux start-ups et autres entreprises « à taille humaine », ils ont tout intérêt à soigner **leur réputation employeur** et communiquer sur l'attractivité et la spécificité de leur proposition employeur.

... les ETI, PME et TPE aussi

Les PME et TPE ont **besoin d'être visibles** pour recruter les candidats dont elles ont besoin. Elles ont tout intérêt à cultiver une marque employeur suffisamment forte et différenciante pour constituer **une alternative attractive** face aux grands groupes, à la sécurité qu'ils incarnent et aux possibilités de carrière qu'ils promettent.

Non, tous les jeunes candidats ne rêvent pas de rejoindre une PME ou une start-up, parfois perçues comme moins valorisante en comparaison de la notoriété d'un grand groupe. Une étude Jobteaser-Deloitte laisse entendre que seuls 9 % des jeunes diplômés souhaitent travailler dans des PME-ETI [(1)] (2015).

Si l'entreprise est implantée en région, à l'écart de grands centres urbains, la réputation employeur peut bien entendu faire partie **des leviers de motivation.** Rappelons que 87 % des candidats font des recherches sur une entreprise avant d'y postuler. [(2)]

[1] Étude Jobteaser-Deloitte 2015
[2] Étude RegionJobs 2019

Qu’est-ce que la marque employeur ?

La marque employeur est l'expression de l'identité employeur de l'entreprise

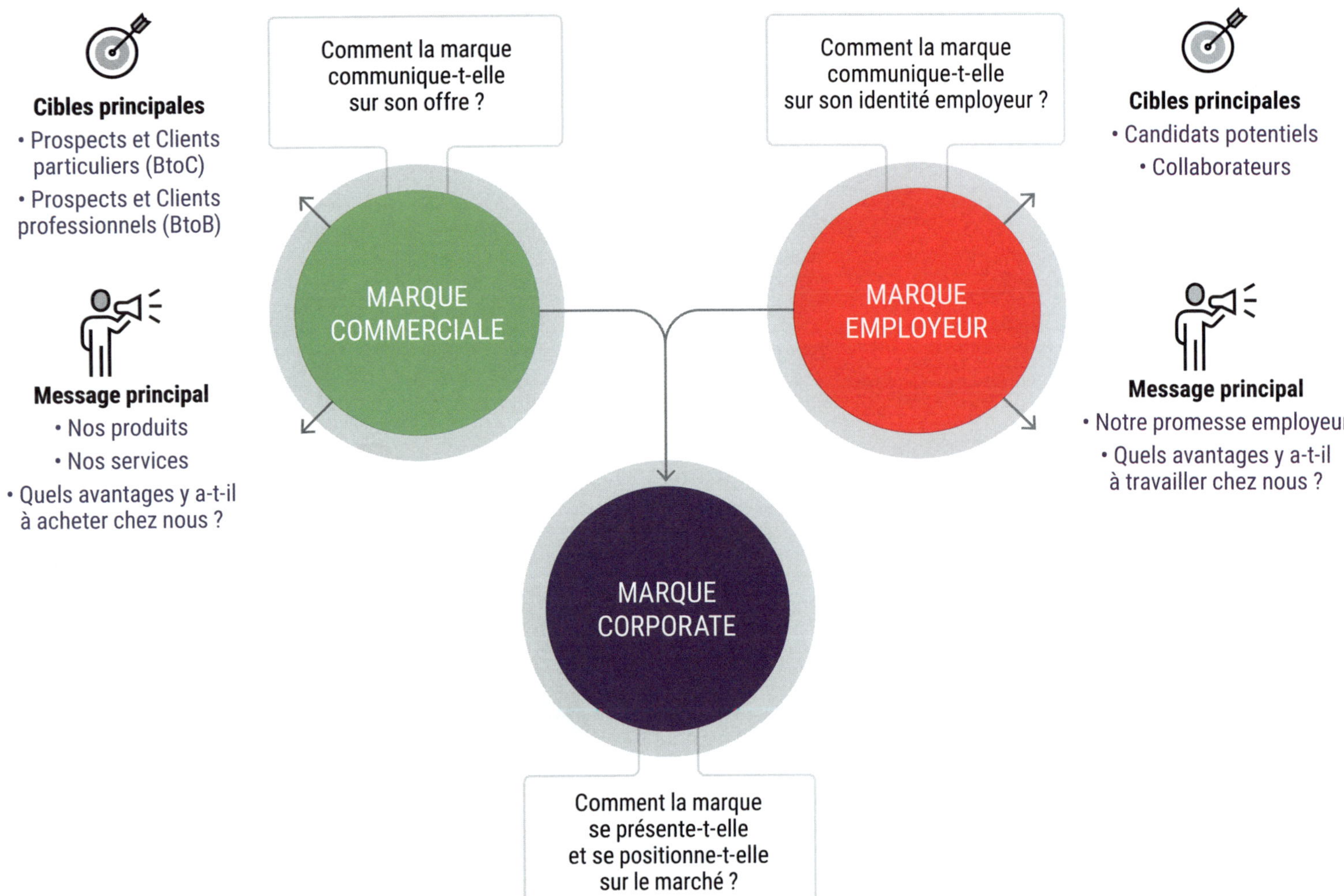

Les canaux de communication

peuvent être spécifiques à chaque marque ou partagés par la marque commerciale et la marque employeur.

L'identité visuelle

peut être spécifique à chaque marque ou partagée par la marque commerciale et la marque employeur.

Les enjeux de marque

varient selon le contexte de l'entreprise. Les situations peuvent être très différentes. Par exemple…

- La (les) marque(s) commerciale(s) peuvent être très connue(s) du grand public, et la marque corporate totalement inconnue. Dans ce cas, générer de la visibilité et de la notoriété auprès du grand public pour la marque employeur demande de partir « from scratch ».

- Si une marque corporate n'a jamais été développée (car elle n'a pas de raison de l'être), il peut arriver que le projet RH de créer une marque employeur soit le moteur d'un travail plus global sur la marque corporate elle-même, notamment sur ses valeurs.

La marque employeur incarne 3 dimensions

	CONTIENT…	NÉCESSITE DE…
DIMENSION FACTUELLE	Ce que, dans les faits, l'entreprise propose à ses collaborateurs (contreparties, bénéfices, process RH…)	Bien connaître votre proposition employeur
DIMENSION RESSENTIE / VÉCUE	Ce que les collaborateurs et candidats vivent (et expriment ou non) dans l'entreprise, à mettre en regard de leurs attentes - La culture d'entreprise telle qu'elle est vécue au quotidien.	Écouter les candidats et collaborateurs
DIMENSION SYMBOLIQUE	Ce que l'entreprise raconte et veut incarner : le mythe, le storytelling, les valeurs, l'histoire, la vision…	Construire et mettre en forme le discours RH

La marque employeur est une démarche engageante

La marque employeur, c'est tout sauf « juste de la com »

La marque employeur est un sujet de gouvernance, une question aussi stratégique que la marque corporate. C'est pourquoi elle doit être une préoccupation du comité de direction.

Porté par la direction pour infuser progressivement l'ensemble des pratiques internes, le sujet de la marque employeur a un impact sur l'ensemble de l'entreprise.

La marque employeur, c'est une démarche authentique

La marque employeur doit être construite dans un souci **d'authenticité maximale.**

Générer une image employeur brillante, mais pas incarnée, pas en phase avec la réalité vécue par les collaborateurs, est forcément contre-productif.

C'est un flop assuré : des collaborateurs mécontents, des candidats déçus. Il faut donc veiller à rester au plus près de la réalité vécue et du ressenti en interne, ce qui demande à être très à l'écoute des collaborateurs et des candidats.

1MIN30

LE SAVIEZ-VOUS ?
La société suédoise Potentialpark publie chaque année un classement international des entreprises qui ont la meilleure communication à destination des candidats. Plus de 500 employeurs sont évalués.

Les 4 erreurs à éviter

Ne pas impliquer l'interne

On écoute de plus en plus ses pairs, de moins en moins le discours corporate.

C'est la voix des collaborateurs qui génère le plus d'attention et de confiance aujourd'hui. C'est pourquoi les collaborateurs devraient prendre la parole, être mis en avant, être impliqués pour parler de l'entreprise.

Si elle n'est pas incarnée par la voix des collaborateurs, la marque employeur risque de rester purement théorique.

Ne pas être authentique

L'authenticité est indispensable à une marque employeur efficace. **La marque employeur doit refléter l'expérience vraie des collaborateurs.** Ceci permet d'éviter ce que Hervé Solus de DigitalRecruiters appelle **les « ruptures d'expérience »**, par exemple :

- quand, dans son expérience de candidature, un candidat ne retrouve pas ce qu'il avait perçu de la marque employeur (modernité, respect des collaborateurs, valeurs, etc.)
- quand les collaborateurs ne reconnaissent pas leur vécu, vu de l'intérieur, dans la communication RH de leur entreprise.
- quand le candidat fraîchement embauché ne retrouve pas dans son expérience ce qu'on lui avait annoncé en amont. Saviez-vous que 48 % des jeunes collaborateurs quittent l'entreprise au cours de la 1re année*

* L'Observatoire du 1er emploi, 2017

Croire que la marque employeur ne concerne que les RH

La marque employeur concerne au premier chef les collaborateurs eux-mêmes.

Elle est un projet stratégique de l'entreprise et doit à ce titre être portée par l'équipe de direction. Elle peut impacter l'organisation même, ainsi que le style de management.

Donc pour travailler sur la marque employeur, **rien de tel qu'une équipe multiple aux compétences diversifiées, reflétant les différents départements et entités de l'entreprise.**

Ne pas être aligné avec la marque corporate

Chaque marque s'adresse à des cibles précises, souvent distinctes, et poursuit des objectifs différents.

Cependant, marque employeur, marque corporate et marque commerciale sont **au service d'une même entreprise et d'un même objectif stratégique.** La marque employeur se nourrit directement de la marque corporate et vient la renforcer à son tour.

La marque employeur est indissociable de l'identité corporate de l'entreprise. Elle traduit **l'ambition de la direction au regard du capital humain que sont les collaborateurs de l'entreprise, au sens large** (salariés, partenaires, stagiaires, fournisseurs, etc.).

[RENCONTRE] **Camille Morvan,** co-CEO et cofondatrice de Goshaba

La marque employeur est encore trop souvent pensée à côté de la stratégie globale de l'entreprise

Camille Morvan est la cofondatrice et co-CEO de Goshaba et a reçu le prix 2019 Woman in AI France. Goshaba combine les sciences cognitives et les jeux vidéo pour rendre le recrutement et les évaluations de carrière justes, précis et à l'échelle. Camille est une scientifique cognitive de formation et a été chercheuse et enseignante au Collège de France, à la Sorbonne, au RIKEN à Tokyo, à l'Université de New York (NYU) et à l'Université d'Harvard.

www.goshaba.com

La marque employeur est une réponse aux difficultés de recrutement

Le concept de marque employeur est encore récent, il est apparu il y a une dizaine d'années, en lien avec une difficulté croissante des entreprises à recruter des talents. Il a fallu trouver comment attirer de meilleurs candidats, et la marque employeur est l'une des réponses qui a été apportée. Aujourd'hui toutes les entreprises ont besoin de faire vivre leur marque employeur. Mais il y a plusieurs façons de le faire.

On peut utiliser la marque employeur de façon « basique », pour faire venir des candidats en plus grand nombre, et mieux adaptés pour son entreprise. Certaines entreprises vont chercher à générer de la diversité dans les candidatures reçues, tout simplement pour élargir le spectre des candidatures et avoir plus de choix - donc en dehors de toute considération de valeur ou de positionnement. Le risque, c'est que cela peut les conduire à aborder le sujet de la marque employeur comme si c'était une thématique isolée du reste de l'entreprise, un élément qui vient s'ajouter à une stratégie définie par ailleurs.

D'autres entreprises abordent la marque employeur de façon plus ambitieuse et cherchent à en faire un élément intégré, avec tous les autres, au positionnement global de l'entreprise. Elles parlent à leurs collaborateurs comme elles parlent à leurs clients, à leurs fournisseurs, à leurs partenaires, etc. Elles cherchent à construire un message 100 % cohérent à tous les niveaux.

Idéalement, la marque employeur devrait être alignée sur l'ADN de l'entreprise…

Je crois qu'on ne peut pas penser la marque employeur séparément du reste. La marque employeur devrait plutôt découler naturellement du positionnement stratégique de l'entreprise, je dirais même de son ADN, et être reflétée à tous les niveaux de l'entreprise. Séparer la marque employeur du reste des fonctions stratégiques, c'est un problème. **Le responsable marque employeur doit être fortement connecté avec toutes les autres fonctions de l'entreprise.** C'est la condition pour que la marque employeur s'aligne sur un positionnement qui se retrouve à tous les niveaux, et devienne à ce titre porteuse de sens.

Par exemple, le marketing doit impérativement être accordé avec la marque employeur et promouvoir les mêmes valeurs. Si je suis une marque qui vend des chaussures de sport, et que je motive mes clients avec des histoires qui montrent que tout le monde est capable de relever des défis, la marque employeur devra également parler d'empowerment, d'autonomie et de confiance dans la capacité des collaborateurs à relever les challenges. Si je joue à fond la carte de la diversité dans mes publicités commerciales, mais que ce chapitre est absent de ma marque employeur et de mes pratiques de recrutement, je risque d'avoir des candidats et des collaborateurs déçus lorsqu'ils sont confrontés à une équipe interne sans diversité. Je n'attire pas les bons candidats. Je crée de la défiance vis-à-vis de ma marque commerciale.

C'est la même chose à tous les niveaux de l'entreprise : idéalement, la gestion financière, l'offre, la production, la vente etc., toutes les fonctions, et bien sûr l'expérience collaborateur, doivent incarner l'ADN de l'entreprise, tout comme la marque employeur. Ce que le client projette sur la marque commerciale, ou sur la marque institutionnelle, le collaborateur ou le candidat doivent pouvoir le projeter aussi sur la marque employeur. Si vous créez une dissonance, alors vous risquez de décrédibiliser, à plus ou moins longue échéance, votre marque

[RENCONTRE] **Camille Morvan,** co-CEO et cofondatrice de Goshaba

employeur, voire votre marque tout court : comme le candidat ou le collaborateur sont des clients potentiels, s'ils n'ont pas confiance en votre marque employeur, cela risque fort d'induire une méfiance vis-à-vis de vos produits ou de votre offre.

Pour les secteurs qui souffrent d'un déficit d'image (les armes, le tabac, par exemple), une marque employeur travaillée en alignement avec des choix stratégiques de l'entreprise et porteurs de sens (RSE, engagement social cohérent…) peut avoir un impact fort sur la qualité du recrutement et l'attractivité de la société, et faire en sorte qu'elle ne repose pas uniquement sur les salaires.

… mais c'est un cheminement long et complexe

C'est un peu plus facile lorsqu'on démarre « from scratch », qu'on a pris les choses dans l'ordre en commençant par définir son ADN, et qu'on a construit sa marque employeur et son expérience collaborateur en partant de là. Un Google, un Netflix ont plutôt bien construit les choses, par exemple, même s'ils ne sont pas parfaits.

Les entreprises qui existent depuis longtemps, qui ont leur culture et leur mode de fonctionnement bien installés, se retrouvent obligées d'opérer des transformations profondes si elles veulent mettre en œuvre cet alignement dont nous parlons. C'est long, c'est coûteux, c'est difficile mais, à mon sens, incontournable si l'entreprise souhaite s'inscrire dans le temps. Les collaborateurs peuvent aussi freiner le changement, s'ils ont vécu longtemps dans un système qui leur convient. Il faudra peut-être attendre une nouvelle génération de collaborateurs pour activer le changement. La marque employeur peut constituer un élément moteur du changement : elle donne une certaine image de votre identité employeur à l'externe. Elle contribue à attirer un certain profil de candidats, qui vont commencer à opérer un changement en interne vers ce que vous souhaitez accentuer. C'est un processus forcément lent, car la marque employeur doit rester alignée avec l'expérience collaborateur et ne pas faire de surpromesse ni de fausses promesses.

Dans tous les cas, les entreprises peuvent faire des petits pas pour avancer vers cet alignement, en favorisant l'échange et la communication entre les différents départements pour identifier les incohérences et à l'inverse faire de la « contamination positive ».

(goshaba)

Un point d'attention tout particulier : l'alignement de la marque employeur avec l'expérience candidat/collaborateur

Bien évidemment, une fois le travail d'alignement entre l'ADN de l'entreprise et la marque employeur fait, il s'agit de communiquer cet alignement aux candidats et collaborateurs. Il faut alors s'outiller pour cela. Le recrutement est un point de contact clé avec les futurs collaborateurs ou potentiels clients. Il est donc essentiel de soigner cette étape. Il existe sur ce point des outils, pas si nombreux, qui aident les entreprises à incarner leur marque employeur dans les différentes phases du recrutement et de l'expérience collaborateur.

Chez Goshaba, nous avons créé un outil qui permet de recruter en s'appuyant sur les sciences cognitives, et donc de mettre en place un recrutement plus juste. Les process de recrutement classiques sont nécessairement biaisés, car subjectifs. Chaque recruteur porte ses propres biais de recrutement, que ce soient les écoles fréquentées, la qualité de l'orthographe ou le sport pratiqué.

En utilisant notre outil de recrutement le plus juste possible, et basé sur le gaming, l'entreprise gagne sur de nombreux tableaux :

- elle fait la preuve de son engagement RSE ;
- elle améliore la qualité de son recrutement, notamment (mais pas que) sur la partie soft skills ;
- elle favorise une vraie diversité au sein de ses équipes, donc une performance et une créativité accrues ;
- elle améliore son image, car nos jeux de recrutement sont modernes, ludiques et obtiennent 95 % de rétention.

La méthode pour définir sa marque employeur

Avant d'entrer dans le vif du sujet :

Audit préalable et définition des objectifs

- Prenez le temps de faire le tour de l'existant et de poser un premier diagnostic.
- Définissez aussi vos objectifs à court et long terme pour votre marque employeur.
- Ce temps de réflexion préalable enrichira votre travail sur la marque employeur.

Audit préalable

Pour préparer et enrichir la réflexion sur votre marque employeur, faites un état des lieux. Les questions à vous poser :

Avons-nous une plateforme de marque ?

L'entreprise a t-elle déjà travaillé sur sa vision ? sa mission ? ses valeurs ? Si c'est le cas, utilisez les éléments de définition de marque dont vous disposez. Le travail sur la marque employeur va s'en inspirer, puisque votre marque employeur devra être en cohérence avec votre plateforme de marque.

Vous n'avez pas de plateforme de marque, ou votre marque n'a pas été travaillée ni définie ?

Que cela ne vous arrête pas. Vous avez un besoin, qui concerne votre attractivité en tant qu'employeur. Commencez par là. Le travail sur la marque employeur vous permettra sans doute de poser les bases de votre identité d'entreprise.

?

QU'EST-CE QU'UNE PLATEFORME DE MARQUE ?

La plateforme de marque est l'expression synthétique de l'identité d'une marque, formalisée dans un document. Elle définit l'entreprise sous différents aspects clés qui la caractériseront pendant tout ou partie de son existence.

L'identité d'une marque se définit progressivement à travers des axes clés de développement. Trois éléments principaux constituent le cœur de son identité :

Mission : la raison d'être de l'entreprise ou de la marque.

Vision : l'expression de la mission sous la forme d'ambitions et d'objectifs futurs.

Valeurs : les grands principes qui guident l'entreprise et fondent sa culture.

Une identité forte doit se dégager de la plateforme de marque pour prendre position et affirmer sa singularité.

Que fait la concurrence ?

Identifiez les 3 à 5 concurrents les plus importants. Ils ne sont pas forcément dans le même secteur que vous, mais ils attirent les mêmes profils candidats que vous.

Quelles sont leurs pratiques en matière de communication RH ? Quel est leur positionnement ? Quels sujets abordent-ils ? Sur quels canaux ? Comment communiquent-ils ? (rythme, formats, tonalité, qui prend la parole...). Rassemblez les informations.

Cette analyse préalable de la concurrence vous permettra de construire un positionnement unique et spécifique. **Vous occuperez un territoire de marque différenciant, voire innovant.**

PLATEFORME DE MARQUE : focus sur la création d'identité de sa marque

Audit préalable

Quelle est notre identité employeur aujourd'hui, que pouvons-nous en dire ?

Rassemblez les informations dont vous disposez qui vous apportent des éléments de réponse à cette question :

- Qui sont nos candidats cibles ? Avons-nous défini des personas candidats ? Connaissons-nous leurs besoins ?
- Avons-nous réalisé des sondages auprès de collaborateurs ? de candidats ? Que nous disent-ils ?
- Quels outils de communication avons-nous mis en place (site carrière, réseaux sociaux, jobboards...) ? Que pouvons-nous en dire ?

Cet état des lieux vous permettra de partir de l'existant pour construire une marque employeur ancrée dans les pratiques de l'entreprise et le vécu des collaborateurs.

Il vous permet aussi d'identifier dès maintenant des manques, d'éventuels dysfonctionnements.

La marque employeur est un sujet à travailler en équipe

- Constituez une équipe projet avec les personnes que vous identifiez comme des personnes clés : profils RH, marketing, communication, membre de l'équipe de direction, opérationnels terrain…
- Impliquez l'équipe projet dès cette phase préparatoire.
- Partagez-lui l'ensemble de ces informations.
- Cette vision partagée sera la base de votre réflexion et de votre travail.

LE DESIGN THINKING est une méthode éprouvée (et celle que nous préférons chez 1min30) pour travailler en s'appuyant sur l'intelligence collective. Suivez le QR Code pour en savoir plus sur cette méthode.

La Vache Pourpre établit son diagnostic

Pour définir notre marque employeur, sur quoi pouvons-nous nous appuyer ?

Nous n'avons jamais fait de plateforme de marque. On devrait commencer par regarder ce que vivent les candidats et les collaborateurs chez La Vache Pourpre. Pour comprendre comment ils nous voient en tant qu'employeurs.

Exact. Même si elles ne sont pas formalisées, il y a des valeurs qui nous caractérisent par rapport à la concurrence. Nos clients en sont conscients, ils le disent et c'est ce qu'ils apprécient chez nous. Il y a un vrai engagement aux côtés des clients, et aux côtés des collaborateurs, ça se ressent dans leur motivation, d'ailleurs.

On nous parle aussi de notre créativité. Les équipes cherchent sans cesse à innover, pour proposer des solutions toujours plus « user friendly », intuitives et conviviales.

On a fait de gros efforts pour mettre de la diversité dans les équipes, récemment, parce que c'est une condition pour générer de la créativité. Mais ce n'est pas évident, notamment de trouver plus de femmes développeurs…

Comme les profils dont nous avons besoin sont très recherchés et exigeants, il va falloir proposer quelque chose de vraiment différenciant. Où sommes-nous différents des concurrents, aujourd'hui ? Continuons à creuser.

Melanie, CEO

Barbara, DRH

Amir, responsable recrutement

Emma, responsable commerciale

Lee, responsable marketing

LA VACHE POURPRE

Plateforme de marque

- Pas de plateforme formalisée.
- Une entreprise qui s'est développée « naturellement », pas de gros enjeux de communication, demande croissante.
- Les valeurs qui ressortent : créativité, innovation, humain (importance du lien dans l'équipe), sens du service.

Nos pratiques RH

- Diversité croissante.
- Peu de turn-over - collaborateurs plutôt satisfaits et engagés (cf. sondage).
- Pression commence à être forte, horaires de travail à rallonge > nécessité de recruter.
- Demandes concernant la formation continue.
- Intégration des nouveaux arrivants : process pas formalisé.
- Candidats cibles : des développeurs, jeunes diplômés surtout, mais aussi des seniors + managers et - des commerciaux > voir fiches personas.
- Site carrière très peu développé. Utilisation de jobboards, page entreprise sur Glassdoor.

La concurrence

- La plupart ne communiquent pas sur leur marque employeur. Rien à signaler de saillant.
- Une exception : Concurrent 1, qui est en train de communiquer fortement vers des candidats jeunes. On l'a vu faire une campagne sur Twitch, une autre sur Tik Tok. beaucoup d'humour (troll) + tous les « codes » des développeurs.
- Identité visuelle employeur très travaillée, avec des couleurs pop, dynamiques.
- Mettent beaucoup en avant leur lieu de travail, univers « start up ».

Définition des objectifs

Quels sont nos objectifs à court terme ?

- Recruter plus ? Plus facilement ?
- Être plus visible auprès d'une cible spécifique de candidats ?
- Gagner en notoriété en tant qu'employeur ?
- Réduire notre taux de turn-over ?...

Quels sont nos objectifs à long terme, notre vision pour dans 3, 5 ans ?

- Avoir embauché en temps voulu les équipes nécessaires à la réalisation de notre stratégie de croissance...
- Avoir changé notre image employeur, être perçu comme...
- Avoir obtenu le label... Entrer dans le top 10 des...
- Avoir développé une académie interne et structuré les parcours de formation...
- Être exemplaire en matière de diversité...

Pour vous aider à rassembler les idées : la matrice d'objectifs

OBJECTIFS COURT TERME	KPIS
OBJECTIFS LONG TERME	KPIS

Identifiez dès maintenant les KPIs qui vous permettront de mesurer l'impact de la marque employeur sur l'atteinte de vos objectifs, à court terme et à long terme.

La Vache Pourpre pose ses objectifs

Pour les 2 ans qui viennent, l'objectif est clair : nous avons besoin de recruter 70 développeurs…

Et il nous faut des profils qui sont à la hauteur de nos ambitions. Si nous voulons nous positionner parmi les leaders du marché, il nous faut les meilleurs techniquement et en termes de créativité.

Je pense qu'on devrait anticiper un développement international et prendre dans l'équipe des gens qui maîtrisent l'anglais.

Bien vu. Chez les développeurs, ça se trouve. Sinon, on peut proposer de la formation en interne.

Nous devons développer notre notoriété employeur auprès de nos cibles. Pour les développeurs, j'agirais du côté des écoles, qu'en penses-tu Amir ?

J'ai des idées de partenariats et surtout d'actions de communication assez funs pour les animer… Si on veut attirer des créatifs, il faut leur montrer qu'on l'est ! Donc, on peut se fixer des objectifs de visibilité et d'engagement sur les actions de communication de ce type.

OK. Pour prouver notre qualité en tant qu'employeur, les classements et les labels sont assez efficaces. Celui de Choose My Company est apprécié chez les jeunes, ça pourrait être l'un de nos objectifs.

 **Melanie,** CEO

 **Barbara,** DRH

 **Amir,** responsable recrutement

 **Emma,** responsable commerciale

 **Lee,** responsable marketing

LA VACHE POURPRE

OBJECTIFS COURT TERME

- Recruter sur les 24 prochains mois 70 développeurs dont 5 profils seniors et 10 commerciaux.

KPIS

- Nombre de candidatures reçues par poste.
- Durée du processus de recrutement.
- Nombre de recrutements réalisés.
- Taux de recrutement réussi (la personne transforme sa période d'essai).

OBJECTIFS LONG TERME

- Intensifier et faciliter le recrutement - réduire le temps de recrutement.
- Développer la notoriété de La Vache Pourpre auprès des jeunes diplômés et des candidats en général.
- Attirer des candidats à la fois bons techniquement et créatifs, qui pensent « out of the box ».
- Augmenter le nombre de stagiaires et alternants. Entrer dans le top 5 du classement « HappyIndex Trainees » dans 2 ans maxi.

KPIS

- Nombre de candidatures reçues par poste ouvert.
- Nombre de candidatures reçues par stage ou alternance proposés.
- Nombre de recrutements réalisés/aux objectifs.
- Coût du recrutement/ coût actuel.
- Durée du recrutement/ durée actuelle.
- Qualité des recrutements (intégration, satisfaction...)
- Taux de notoriété spontanée parmi les étudiants.
- Place dans le top 5 de l'index.

Construire sa marque employeur

Les 4 étapes de la méthode 1min30

Les 4 étapes pour définir votre marque employeur

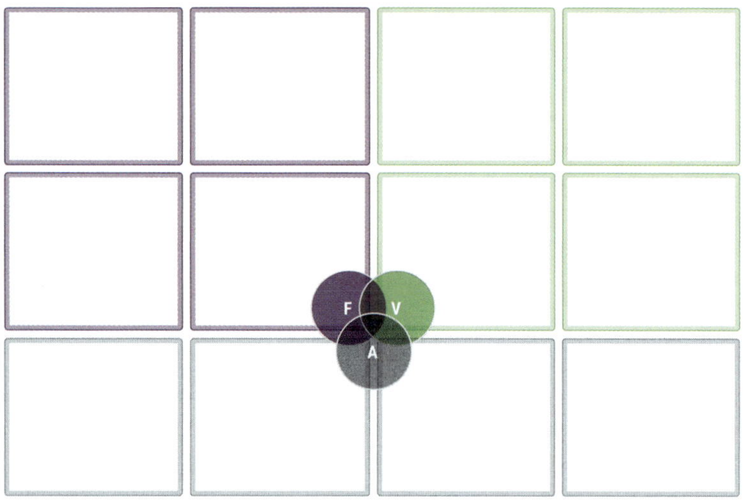

1 Comprenez votre identité employeur

Le Canvas de l'identité employeur vous amène à explorer les 3 volets de cette identité. Vous réalisez votre portrait employeur, au plus près de la réalité.

2 Rédigez votre EVP

L'EVP (Employee Value Proposition ou Proposition de Valeur Employeur) exprime la valeur ajoutée proposée par votre entreprise à ses collaborateurs. Elle synthétise ce qui va donner envie aux candidats de vous rejoindre. Elle va nourrir l'ensemble de la communication RH.

ÉLIMINER	RENFORCER
ATTÉNUER	CRÉER

3 Explorez comment aligner vos actions de communication avec votre marque employeur

Une fois votre identité employeur posée, vous allez devoir la traduire dans vos éléments de communication RH. Avec **la Matrice ERAC*,** vous travaillez point par point sur ce qui doit être Éliminé / Rajouté / Atténué / Créé dans votre communication employeur actuelle.

* Outil issu de *La Stratégie Océan Bleu* (W. Chan Kim / R. Mauborgne)

Support	Action	Délai	Responsable	Prestataire à mobiliser ?

4 Posez votre plan d'action

Vous construisez **votre plan d'action** en priorisant les investissements les plus urgents. Vous vous concentrez sur ce qui doit être accompli en premier lieu.

1 Explorer son identité Employeur avec le Canvas de l'identité employeur

Le Canvas de l'identité employeur ?

Il vous incite à dessiner le portrait-robot de votre entreprise en tant qu'employeur. Vous allez en explorer toutes les facettes.

Partez de l'existant

Définir sa marque employeur, c'est partir de ce que l'on est aujourd'hui. Pas de ce qu'on aimerait être dans 5 ans.

Cherchez l'authenticité

Votre portrait-robot employeur n'aura de valeur que s'il est le plus possible fidèle à la réalité, telle qu'elle est vécue. Ou telle que vous pensez, en toute sincérité, qu'elle est vécue par vos collaborateurs. Pas de langue de bois. Pas de facilité.

Les 3 dimensions de l'identité employeur *

Le Canvas est divisé en 3 sections :

F → LE FACTUEL
Ce que l'entreprise propose comme bénéfices / avantages

A → L'ATTENDU
Ce qu'attendent nos collaborateurs et nos candidats

V → LE VÉCU
Ce que vivent nos collaborateurs

* Inspiration : Pinpoint

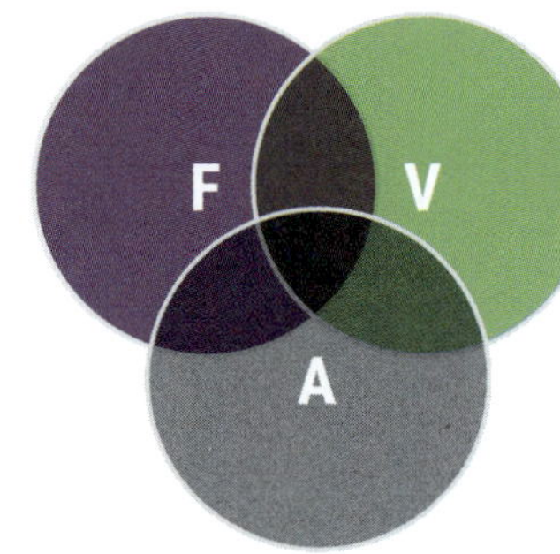

Ces 3 dimensions ont vocation à se rapprocher le plus possible, elles se chevauchent. Mais elles ne se superposent pas : il existera toujours des écarts, plus ou moins importants, entre le factuel, l'attendu et le vécu.

Simplicité, clarté et exhaustivité

Le Canvas de l'identité employeur permet d'aborder de façon structurée, simple et claire, toute la complexité de l'identité employeur dans ses 3 dimensions principales.

Les sujets abordés sont très vastes. L'objectif de cet exercice n'est pas d'y passer plus de 2, maxi 3 heures. Il s'agit d'identifier rapidement les points saillants, sans entrer dans l'analyse - pour chaque section du Canvas.

Les questions proposées ne prétendent pas être exhaustives, n'hésitez pas à en rajouter d'autres !

le Canvas de L'IDENTITÉ EMPLOYEUR

PROJET	DATE	VERSION

Quelles compensations offrons-nous à nos collaborateurs en échange de leur travail ?	Quels bénéfices nos collaborateurs retirent-ils de leur travail, en plus de ces compensations ?	Comment nos valeurs corporate se traduisent-elles dans notre identité employeur ?	Quel est notre style de management ?
Comment contribuons-nous à la carrière de nos collaborateurs ?	Comment l'environnement de travail favorise-t-il l'efficacité et la qualité du travail ?	Comment fonctionne la communication au sein de notre entreprise ?	Comment se comporte-t-on dans notre entreprise ?
Qu'est-ce qui est important pour les personnes que nous voulons amener à travailler avec nous ?	Pour quelles raisons nos collaborateurs aiment-ils travailler chez nous ?	Y a-t-il des raisons qui sont spécifiques à certains groupes de collaborateurs ?	Pour quelles raisons quitte-t-on notre entreprise ?

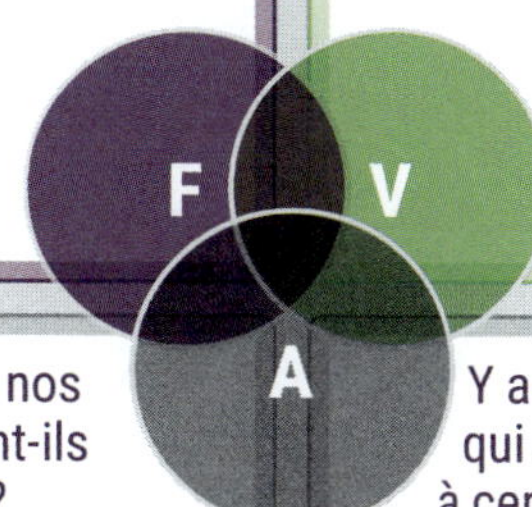

Téléchargez **LE CANVAS DE L'IDENTITÉ EMPLOYEUR** en flashant le QR Code ci-contre

Le factuel

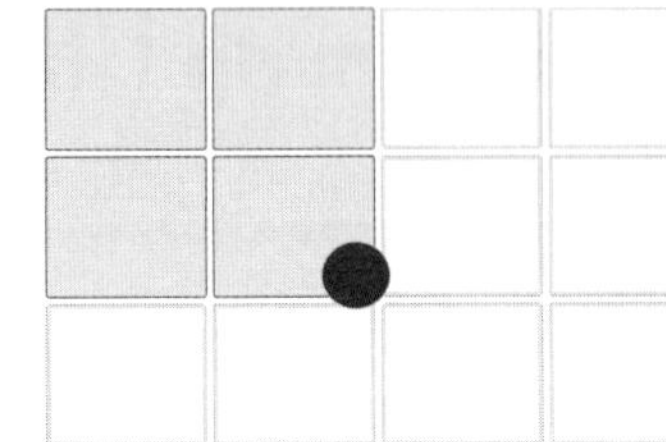

Dans cette section du Canvas, vous faites le point sur l'ensemble des avantages / bénéfices que l'entreprise propose

Quelles compensations offrons-nous à nos collaborateurs en échange de leur travail ?

- Notre grille de salaires : où nous situons-nous sur l'échelle des salaires par rapport au marché, à la concurrence ?
- Y a-t-il un système de prime ? Individuel, collectif ?
- Qu'avons-nous mis en place en matière d'évolution salariale ? Quel est notre système d'évaluation ?
- Quels avantages proposons-nous à vos collaborateurs (restauration, véhicule de fonction, abonnements, réductions...)
- Que comprend le package global de rémunération ? (retraite, mutuelle santé, épargne salariale...)
- Proposons-nous un intéressement ou une forme de participation aux bénéfices ?

Regardez ce que pratique le marché...
Comment vous situez-vous par rapport à la concurrence ?

Quels bénéfices nos collaborateurs retirent-ils de leur travail, en plus de ces compensations ?

- Que proposons-nous en matière de vacances et temps libre ?
- Qu'avons-nous mis en place pour favoriser l'équilibre vie pro/vie perso ? Quelle flexibilité est proposée dans la gestion du temps (télétravail...) ?
- Que mettons-nous en place pour les familles ? (l'entreprise supporte-t-elle les personnes avec enfants ? Les familles mono-parentales ? Y a-t-il une crèche d'entreprise ? Une journée des familles ?...)
- L'entreprise se préoccupe-t-elle du bien-être des collaborateurs ? (Comment les bureaux sont-ils aménagés ? Y a-t-il une salle de sport ? Que propose le restaurant d'entreprise ?)
- Quels sont les engagements de l'entreprise en matière de RSE ?

L'ENGAGEMENT RSE et globalement les engagements de l'entreprise pour l'environnement constituent une attente croissante exprimée par les candidats. Travailler pour une entreprise qui s'engage en matière de RSE (et propose à ses salariés de s'engager) est source de fierté, de bien-être et finalement de loyauté. Cela constitue un véritable bénéfice à mettre en avant dans votre identité employeur.

Comment contribuons-nous à la carrière de nos collaborateurs ?

- Quelles opportunités peuvent-ils saisir en travaillant chez nous (travailler à l'international ou dans un secteur international, changer de métier régulièrement, être coaché, apprendre...) ?
- Quel est le processus de progression ? Définissons-nous un plan de carrière précis ?
- Qu'avons-nous mis en place en matière de GPEC (Gestion Prévisionnelle de l'Emploi et des Compétences) ?
- Proposons-nous des trainings, des formations ? Un parcours de formation défini ?
- Qu'en est-il de la pratique du feedback ?
- Offrons-nous la possibilité de travailler avec des méthodes et des outils innovants, voire précurseurs ?
- La notoriété de l'entreprise est-elle un plus pour la carrière de vos collaborateurs ?

Bref, quelle est notre valeur ajoutée pour nos collaborateurs ?

Comment l'environnement de travail favorise-t-il l'efficacité et la qualité du travail ?

- Est-ce que l'entreprise manifeste de la reconnaissance vis-à-vis de ses collaborateurs ? Comment ?
- Quel degré d'autonomie ont les collaborateurs ?
- Quel degré de responsabilité leur laissons-nous ?
- Comment évaluons-nous l'impact de l'environnement de travail sur la qualité du travail ? (favorise-t-il l'efficacité au travail ? La concentration ? La créativité ? L'inspiration ? Les échanges ?...)
- Les règles de sécurité sont-elles bien respectées ?
- Les outils mis à la disposition des collaborateurs sont-ils efficaces ? Productifs ? À la hauteur de ce qu'on attend d'eux ?

L'attendu

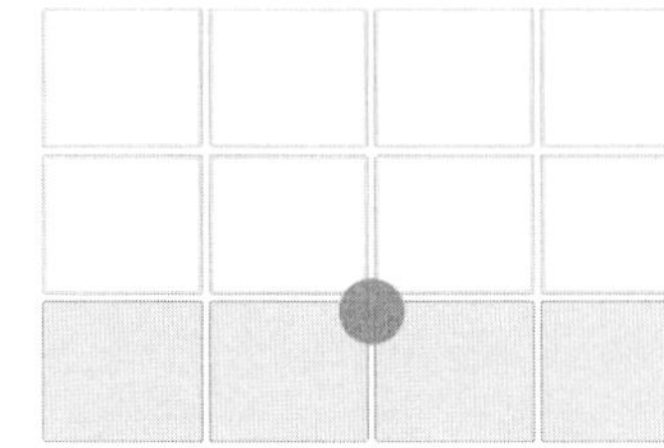

Dans cette section du Canvas, vous explorez ce qu'attendent les collaborateurs qui rejoignent votre entreprise et y restent

Qu'est-ce qui est important pour les personnes que nous voulons amener à travailler avec nous ?

- Quelles sont leurs priorités ?
- Que recherchent-elles ?
- Qu'est-ce qui les motive avant tout ?

S'agit il dc la complexité des projets travaillés ?
De l'aspect précurseur des outils mis en œuvre ?
De la marge de manœuvre laissée aux collaborateurs ?
Du style de management ? De la politique d'innovation de l'entreprise ? Du salaire ?
De l'engagement RSE de l'entreprise ?...

Pour quelles raisons nos collaborateurs aiment-ils travailler chez nous ?

- Les avons-nous déjà interrogés ? Si oui, que nous disent les sondages, les enquêtes terrain ?
- Que disent les réseaux sociaux ?
- Que font remonter les avis collaborateurs sur les plateformes du type Glassdoor ?...
- Quel est le ressenti de la direction sur ce sujet, le ressenti des managers ?
- Qu'entendons-nous « à la machine à café » ?

LES PERSONAS - CANDIDATS peuvent être très utiles pour travailler sur ce volet du Canvas. Si vous avez défini vos personas candidats en phase de préparation (voir page 58), c'est le moment de les utiliser ! Vous allez vous glisser plus facilement dans la peau de vos candidats et de vos collaborateurs.

Certains groupes de collaborateurs ont-ils des raisons spécifiques d'aimer travailler chez nous ?

Explorez ce que peuvent être ces raisons spécifiques à un groupe de collaborateurs donné. Ces raisons peuvent être en lien avec :

- une localisation géographique
- Un type de fonction
- Une catégorie de contrat de travail
- L'ancienneté dans l'entreprise
- Un niveau de responsabilité
- Le genre des personnes
- Une tranche d'âge...

Quelles sont les raisons les plus probables pour lesquelles on quitte notre entreprise ?

- Peut-être connaissons-nous certaines de ces raisons. Peut-être pouvons-nous les supposer. Les remontées des managers et du terrain peuvent bien sûr apporter de la matière sur ce sujet.
- Quelles sont les raisons pour lesquelles un candidat embauché décide finalement de ne pas venir travailler chez nous ?
- Avons-nous interrogé les personnes qui quittent l'entreprise, ou les candidats qui se désistent ?

Le vécu

Cette section du Canvas vous invite à approfondir ce que vivent les collaborateurs, c'est donc une section très dense. Il s'agit ni plus ni moins que de comprendre et exprimer votre culture d'entreprise. Elle repose sur 4 piliers :

Comment nos valeurs corporate se traduisent-elles dans notre identité employeur ?

Regardons une à une les valeurs de notre marque corporate. Comment se traduisent-elles au niveau RH ? Y en a-t-il qui sont plus présentes que d'autres ? Lesquelles ? Pourquoi ? Ces valeurs doivent-elles être adaptées pour la marque employeur ? Il se peut que nous ayons envie d'ajouter des valeurs plus spécifiques à notre approche RH (fonction, abonnements, réductions...)

Quel est notre style de management ?

- Comment définir notre style de management ? Plutôt directif ? Plutôt délégatif ? Participatif ?
- Qu'est-ce qui est particulièrement valorisé ? (l'effort et l'engagement ? l'atteinte des résultats ? la collaboration ? la prise de risque ? Le droit à l'erreur ?...)

Nous avons identifié les 4 à 5 valeurs maximum de notre marque employeur, l'exercice continue : pour chaque valeur, trouvons 4 preuves tangibles que cette valeur est mise en œuvre au sein de l'entreprise au niveau RH.

Comment fonctionne la communication au sein de notre entreprise ?

- La communication est-elle plutôt descendante, collaborative ? Y a-t-il une communication ascendante ?
- S'agit d'une culture de la transparence, du partage de l'information ?
- Quels sont les outils de communication en interne ?
- Est-ce qu'ils jouent bien leur rôle, sont-ils largement utilisés ?
- Y a-t-il d'autres canaux de communication ? Moins informels, peut-être ?

Comment se comporte-t-on dans notre entreprise ?

- Comment se comporte-t-on au quotidien dans l'entreprise ?
- Utilise-t-on le tutoiement ? Le vouvoiement ?
- Y a-t-il un code vestimentaire ?
- L'ambiance est-elle plutôt formelle ? Ou détendue ?
- Quelle importance est accordée aux thématiques de diversité, d'inclusion ?
- Est-on dans une ambiance de compétition ? De bienveillance ?
- Avons-nous des rituels partagés ? Une histoire à raconter ? Des mythes ?

La Vache Pourpre explore son identité employeur

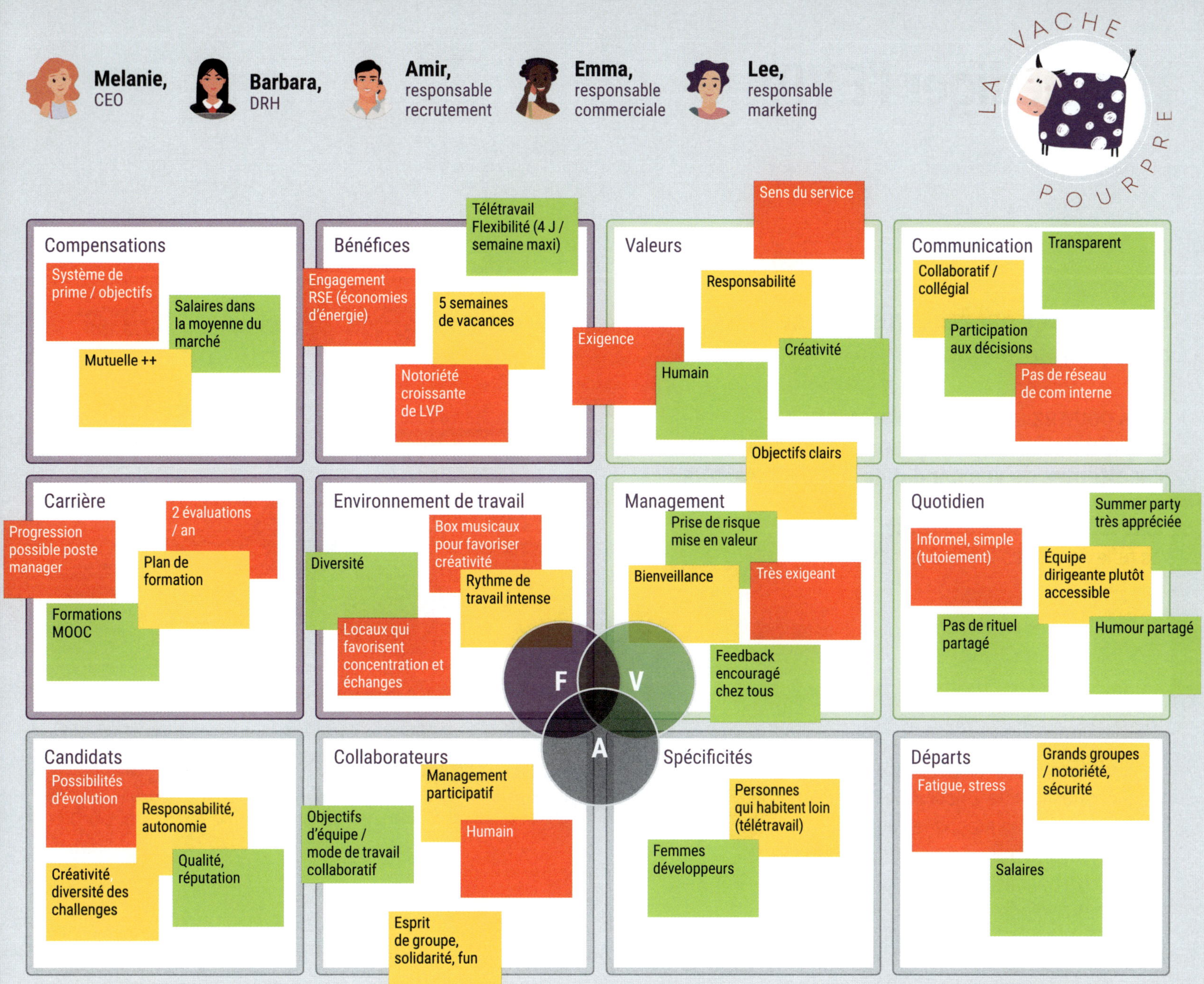
Melanie, CEO
Barbara, DRH
Amir, responsable recrutement
Emma, responsable commerciale
Lee, responsable marketing
LA VACHE POURPRE
Compensations
Système de prime / objectifs
Salaires dans la moyenne du marché
Mutuelle ++
Bénéfices
Télétravail Flexibilité (4 J / semaine maxi)
Engagement RSE (économies d'énergie)
5 semaines de vacances
Notoriété croissante de LVP
Valeurs
Sens du service
Responsabilité
Exigence
Créativité
Humain
Objectifs clairs
Communication
Transparent
Collaboratif / collégial
Participation aux décisions
Pas de réseau de com interne
Carrière
2 évaluations / an
Progression possible poste manager
Plan de formation
Formations MOOC
Environnement de travail
Box musicaux pour favoriser créativité
Diversité
Rythme de travail intense
Locaux qui favorisent concentration et échanges
Management
Prise de risque mise en valeur
Bienveillance
Très exigeant
Feedback encouragé chez tous
Quotidien
Summer party très appréciée
Informel, simple (tutoiement)
Équipe dirigeante plutôt accessible
Pas de rituel partagé
Humour partagé
F
V
A
Candidats
Possibilités d'évolution
Responsabilité, autonomie
Qualité, réputation
Créativité diversité des challenges
Collaborateurs
Management participatif
Objectifs d'équipe / mode de travail collaboratif
Humain
Esprit de groupe, solidarité, fun
Spécificités
Personnes qui habitent loin (télétravail)
Femmes développeurs
Départs
Grands groupes / notoriété, sécurité
Fatigue, stress
Salaires

2 Rédiger l'EVP

Commencez par faire la synthèse de la première étape

Vous pourrez ainsi voir clairement ce que votre entreprise propose pour répondre aux attentes de vos candidats et collaborateurs.

Nous vous proposons d'organiser vos réflexions sous forme d'un tableau.

Quelles compensations offrons-nous à nos collaborateurs en échange de leur travail ?	Quels bénéfices nos collaborateurs retirent-ils de leur travail, en plus de ces compensations ?	Comment nos valeurs corporate se traduisent-elles dans notre identité employeur ?	Quel est notre style de management ?
Comment contribuons-nous à la carrière de nos collaborateurs ?	Comment l'environnement de travail favorise-t-il l'efficacité et la qualité du travail ?	Comment fonctionne la communication au sein de notre entreprise ?	Comment se comporte-t-on dans notre entreprise ?
Qu'est-ce qui est important pour les personnes que nous voulons amener à travailler avec nous ?	Pour quelles raisons nos collaborateurs aiment-ils travailler chez nous ?	Y a-t-il des raisons qui sont spécifiques à certains groupes de collaborateurs ?	Pour quelles raisons quitte-t-on notre entreprise ?

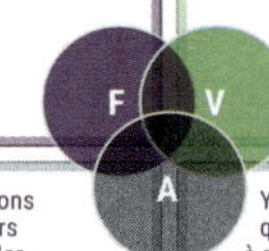

Ce que notre collaborateur idéal recherche (Attendu = A)	Comment nous répondons à ses attentes (Factuel =F)	Comment la culture de notre entreprise répond à ses attentes (Vécu = V)

L'EVP (Employee Value Proposition ou Proposition de Valeur Employeur) exprime la valeur ajoutée proposée par votre entreprise à ses collaborateurs. Elle synthétise ce qui va donner envie aux candidats de vous rejoindre. Elle va nourrir l'ensemble de la communication RH.

Vous allez voir apparaître les endroits où votre entreprise répond bien aux attentes des collaborateurs

Ces éléments les plus saillants vont constituer le cœur de votre promesse employeur. C'est ce qui fait qu'on vous choisit et qu'on reste. C'est ce qui fait votre différence.

Vous verrez aussi apparaître les endroits où votre entreprise n'apporte pas de réponse, ou une réponse insuffisante, aux attentes de vos collaborateurs

Ces éléments ne pourront pas entrer dans votre promesse employeur si vous ne les avez pas suffisamment développés, ou si vous n'exprimez pas clairement une intention forte, prouvée par des actions, de les développer.

2 Rédiger l'EVP

L'EVP est au cœur de la marque employeur

C'est elle qui incite un candidat à postuler chez vous. Elle formalise ce que l'entreprise apporte aux salariés (en termes d'expérience interne, d'ambiance de travail, d'épanouissement, etc.), en échange de la valeur qu'ils apportent à votre organisation.

L'EVP est courte, directe et simple à comprendre

Elle prend la forme d'un texte de quelques lignes, ou de quelques « bullet points » clés, suivis d'une explication. Elle doit être rédigée dans un langage facile à comprendre et accessible. Le ton et la formulation reflètent la personnalité de votre entreprise.

L'EVP est spécifique à votre entreprise et différenciante

Éviter les expressions vagues ou « fourre-tout », applicables à tout le monde et finalement à personne. Si l'EVP n'est pas spécifique à votre identité employeur, et si elle ne met pas en avant des points de différenciation, elle ne pourra pas être attractive.

L'EVP doit s'appuyer sur des preuves tangibles

Elle est réaliste et honnête, reflète ce qu'est l'entreprise aujourd'hui, pas ce qu'elle aspire à être. Tout ce qui apparaît dans l'EVP repose sur des pratiques avérées.

L'EVP est alignée sur la vision, la mission, les valeurs de la marque

L'EVP est une forme d'expression de votre entreprise, celle qui s'adresse aux candidats et aux collaborateurs et concerne votre vision des ressources humaines. Elle est une forme d'expression parmi d'autres et doit obligatoirement être en accord et en harmonie avec les autres formes d'expression de l'entreprise, sans quoi elle ne sera pas crédible.

L'EVP est régulièrement actualisée

Puisqu'il s'agit d'une identité employeur, l'EVP est vouée à évoluer régulièrement, au rythme de la croissance et de l'évolution de l'entreprise elle-même, et de celle du marché. Soyez à l'écoute des échanges réguliers avec les collaborateurs, analysez régulièrement le marché et mettez à jour votre EVP quand c'est nécessaire.

2 Rédiger l'EVP

What's in it for me ? *

Quelques exemples d'EVP

HUBSPOT

Nous mettons tous nos efforts à construire une culture inclusive, dans laquelle nos collaborateurs peuvent donner le meilleur d'eux-mêmes. Les feedbacks, la recherche et nos collaborateurs eux-mêmes, indiquent que la clé pour arriver à cela, c'est la flexibilité.

En donnant aux HubSpotters la liberté et la flexibilité de créer leur propre équilibre vie pro/vie perso, nous générons de la confiance à l'égard de l'entreprise. Et c'est aussi tout simplement ce qu'il convient de faire. C'est pourquoi la flexibilité est au cœur de notre culture et des bénéfices que nous apportons, de l'organisation familiale à la planification financière.

* *What's in it for me ? : « Qu'est-ce que ça va m'apporter ? »*

MCDONALD'S

1. Famille et amis

Je travaille dans une atmosphère agréable et énergisante, je sens que je fais partie de l'équipe.

2. Flexibilité

Je fais un travail exigeant, varié, assez flexible pour convenir à mon rythme de vie.

3. Futur

J'ai l'opportunité de grandir et de progresser en apprenant des compétences de vie et des compétences professionnelles, qui me serviront dans le futur, quoi que je décide de faire.

GROUPE BPCE

Révélons les possibles

La vitalité d'un écosystème ouvert

Banquier et assureur multimarque et multiactivité, le Groupe BPCE met son dynamisme au service de tous ses clients, même les plus fragiles. Écosystème ouvert, il est riche d'entreprises très différentes où chacun peut réaliser son projet professionnel grâce à des programmes favorisant l'inclusion, qu'il s'agisse de promotion des chances ou d'égalité hommes-femmes.

La liberté des terrains de jeux

Maillage territorial en France, présence à l'international, diversité des métiers : le Groupe BPCE offre un formidable champ des possibles. Chacun peut évoluer et construire un parcours professionnel riche, favorisé par une politique active en matière de formation et de mobilité. La liberté passe aussi par l'intérêt des missions proposées, l'autonomie, et la possibilité de proposer. Bref, de travailler dans les meilleures conditions.

La diversité des engagements

L'engagement prend bien des formes dans le Groupe BPCE, comme en témoigne la politique de responsabilité sociale et environnementale qui œuvre en faveur d'une économie plus durable et d'une finance plus inclusive, mais aussi en faveur d'une qualité de vie au travail aux meilleurs standards pour ses collaborateurs. Très actif dans l'économie du sport, le Groupe BPCE porte également de nombreux partenariats de premier plan, qu'il s'agisse de la voile, du basket, du handball ou encore du rugby. Il est partenaire Premium des Jeux Olympiques et Paralympiques de Paris 2024, une formidable aventure dans laquelle tous les collaborateurs sont embarqués.

2 Rédiger l'EVP

NIKE

Dès que vous intégrez Nike, vous faites partie de la famille. Pour inspirer la notion de grandeur dans le travail et en dehors du travail, nous investissons dans notre culture d'entreprise.

Nous offrons à nos collaborateurs le meilleur pour leur santé, leurs finances, leur sécurité, leur équilibre vie pro/vie perso.

De la construction d'un plan de carrière aux options personnalisées de participation aux bénéfices, nous mettons tout en œuvre pour que ceux qui rejoignent l'équipe puissent réaliser leur plein potentiel.

INNOCENT

Bienvenue chez innocent

On est tous nouveaux à un moment ou à un autre (le plus souvent quand on vient d'arriver d'ailleurs). Nous essayons de faire en sorte que l'intégration des petits nouveaux soit la plus complète et sympa possible. Nous organisons donc une semaine d'introduction. Une semaine pendant laquelle vous pourrez comprendre comment l'entreprise fonctionne de manière détaillée, rencontrer plein de gens passionnés qui vous expliqueront leur métier chez innocent ou, plus important encore, où se trouvent les meilleurs sandwichs pour aller déjeuner le midi.

La vie quotidienne

Nous sommes persuadés que l'on continue à apprendre de nouvelles choses tous les jours et que l'apprentissage ne se limite pas à ce que l'on apprend à l'école (merci quand même pour tout, Mme Rousseau, notre prof de français de 4e B). Chez innocent, les opportunités de se développer au quotidien sont très nombreuses. Par exemple, en essayant sans cesse de nouvelles choses. Nous organisons aussi des « development chat » réguliers pour que chacun puisse échanger avec son manager sur ses points forts, ses axes d'amélioration et sur ses opportunités de développement.

Développement

C'est très important que les gens qui travaillent chez innocent se développent et s'épanouissent. Nous mettons donc en place des plans de développement précis. D'abord, parce que c'est un moyen pour que les personnes géniales qui travaillent chez nous ne nous quittent pas (Jacques Brel) et continuent à écrire l'histoire d'innocent. Ensuite, parce que c'est ce qui nous permet d'avoir une équipe de personnes talentueuses et engagées, qui progressent et veulent sans cesse aller plus haut (Tina Arena). En 2 mots ? Gagnant – Gagnant.

Égalité hommes-femmes

Depuis quelques mois, le ministère du Travail a mis en place un Index d'égalité hommes-femmes pour qualifier les entreprises. Cet index est constitué de 5 indicateurs et se note en tout sur 100 points.Tout ça pour dire que chez innocent, nous sommes à 100/100 et on en est super fiers.

2 Rédiger l'EVP

Et maintenant, place à la rédaction !

Que vous rédigiez seul ou à plusieurs, les phrases types suivantes peuvent vous aider à poser les idées principales.

Une fois cela fait, il vous faudra bien sûr retravailler la formulation, pour qu'elle reflète la personnalité de l'entreprise et puisse être utilisée sur vos supports de communication.

Quelques questions à se poser…

- Dire « je », ou « nous » ? « vous » ou « tu » ?
- Poser les piliers, puis les expliquer (bullet points) ? Ou raconter une histoire ?
- Être le plus concis possible ? Ou détailler ?

Voyez ce qui « colle » le mieux avec la personnalité de votre entreprise

Comment complétez-vous cette phrase ?

C'est important que les gens qui travaillent chez (nom de l'entreprise)...

→ ...

C'est important qu'ils fassent ou puissent faire quoi (possibilités, opportunités...) ?
C'est important qu'ils se sentent comment (culture, atmosphère...) ?
C'est important qu'ils vivent quoi (expérience) ?
C'est important qu'ils apportent quel type de compétence (savoir-faire, expérience, savoir-être...) ?

Chez (nom de l'entreprise), chacun peut...

→ ...

Quelle(s) possibilité(s) voulez-vous mettre à la portée de chacun ?
Chacun peut... apprendre ? Se tromper ? Se développer ?
Oser ? Prendre des responsabilités ? Contribuer à la croissance ?
Mettre en place un projet personnel ?

Pour nos collaborateurs, nous essayons de faire en sorte que...

→ ...

Que vous efforcez-vous de mettre en place pour vos collaborateurs, dans quoi investissez-vous pour eux ?
Quelles sont vos priorités pour eux ?

Ce qui caractérise notre culture, c'est...

→ ...

Comment caractérisez-vous la culture de votre entreprise ?
Cette culture est-elle propice à un certain type de comportement que vous souhaitez favoriser ? Lesquels ?
Pour quelles raisons encouragez-vous ce type de culture ?
Quelles valeurs sous-tendent cette culture ?...

La Vache Pourpre rédige son EVP

Les points saillants...

Ce que notre collaborateur idéal recherche (Attendu = A)	Comment nous répondons à ses attentes (Factuel =F)	Comment la culture de notre entreprise répond à ses attentes (Vécu = V)
Autonomie, responsabilités, pouvoir s'engager	• Plan de formation • Prise de responsabilité rapide au sein de l'équipe • Objectifs individuels et collectifs	• Management participatif • Communication transparente sur stratégie de l'entreprise • Mode de travail collaboratif
Créativité, challenges, diversité des projets	• Stratégie de diversification de l'offre • Recherche d'innovation dans l'offre et les services • Collaborateurs impliqués dans les évolutions de l'offre	• « Box » de créativité (musique) • Locaux • Style de communication
Possibilité de carrière	• Plan de formation • Formations « flashs » sur l'heure du déjeuner • Plateforme MOOC	• Flexibilité temps • Accessibilité équipe dirigeante • Culture Empowerment
Engagement pour l'environnement	• Politique d'économie de papier, économies d'énergie au bureau • Projet de potager urbain sur le toit du bâtiment • Choix de services d'hébergement avec neutralité carbone	• Summer party organisée sur principe de développement durable (fournisseurs locaux, etc.)

…et le résultat

Autonomie, engagement, créativité, responsabilité

Chez La Vache Pourpre, nous formons une équipe. **Chacun participe au succès de tous,** et chacun apporte ses idées et son énergie pour construire notre futur. Les gens qui travaillent chez nous ont beaucoup d'autonomie, ils peuvent proposer et mettre en œuvre leurs idées, elles sont bienvenues. Ils participent aux décisions. Ils participent aussi aux bénéfices, parce que quand on est une équipe, c'est normal qu'on partage les efforts et les succès.

Possibilité de carrière

C'est important que les personnes qui travaillent chez La Vache Pourpre puissent progresser et apprendre. Nous voulons les aider **à construire leur carrière,** chez nous, ou après nous. Nous leur proposons un plan de développement précis et leur ouvrons des portes chaque fois que c'est possible.

Engagement social, diversité

La Vache Pourpre, c'est un groupe de gens bienveillants et **ouverts à la diversité,** dans l'entreprise et dans la société. On aime s'amuser ensemble, et on aime aussi grandir et faire de belles choses. Nous prenons soin, à notre échelle, **de notre environnement.**

3 Aligner ses actions de communication RH avec la marque employeur

Vous y voyez plus clair sur votre identité employeur, il est temps de passer à l'action et de la diffuser

L'ensemble des supports de communication existants doivent être mis à jour pour porter et communiquer votre marque employeur.

Contenus, messages, charte graphique : l'objectif est d'unifier la communication RH.

La matrice ERAC* (comme Éliminer / Renforcer / Atténuer / Créer) peut vous aider à vous poser les bonnes questions et ne rien oublier.

Elle vous permet de regarder de façon systématique ce qu'il convient d'éliminer, de renforcer, d'atténuer ou de créer dans votre communication RH.

* Outil issu de *La Stratégie Océan Bleu* (W. Chan Kim / R. Mauborgne)

ÉLIMINER	RENFORCER
ATTÉNUER	CRÉER

Pour chaque carré de la matrice, pensez à tout ce qui peut évoluer dans votre dispositif de communication pour servir et diffuser la marque employeur :

- les messages
- les contenus
- les visuels
- les fonctionnalités proposées
- les outils utilisés
- les parcours
- les formats
- les supports…

3 Aligner ses actions de communication RH avec la marque employeur

Éliminer

Il s'agit d'éliminer les messages et contenus qui ne sont pas alignés sur la marque employeur ou ne contribuent pas à la faire vivre.

Que faut-il enlever dans notre communication RH actuelle ? Parce que cela ne correspond pas ou plus à notre identité employeur / parce que cela « brouille » notre identité employeur / parce que cela n'est plus dans la tonalité souhaitée...

- Faut-il supprimer des messages, des thématiques, des contenus, des visuels... qui ne correspondent pas à notre marque employeur ?
- Faut-il stopper une campagne ? Arrêter un certain type de publicité ?

ÉLIMINER	RENFORCER
ATTÉNUER	CRÉER

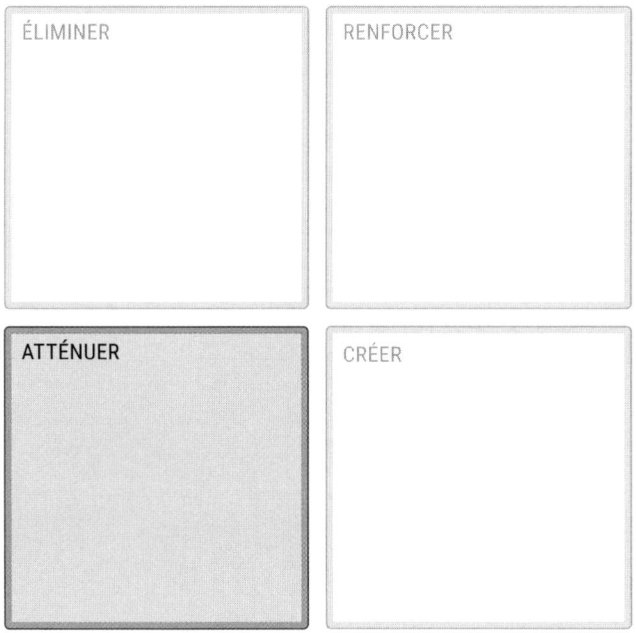

Atténuer

Il s'agit de réduire les éléments de notre communication qui ont peu de valeur ajoutée par rapport à la diffusion de notre marque employeur.

Parce que cela n'a plus lieu d'être mis en avant… Parce que cela n'est plus aussi central qu'avant, ce n'est plus le cœur de notre positionnement…

- Devons-nous atténuer tel ou tel aspect de notre discours ?
- Atténuer la présence du DRH, ou de l'équipe de direction sur le site carrière, pour laisser la place aux collaborateurs ?
- Atténuer notre présence sur tel réseau social ?…
- Mettre moins en avant telle thématique, pour laisser la place aux thématiques clés de notre marque employeur ?

3 Aligner ses actions de communication RH avec la marque employeur

Renforcer

Il s'agit de renforcer les éléments de notre communication qui ont une forte valeur ajoutée et soutiennent notre marque employeur.

- Que faut-il rendre plus visible ?
- Que faut-il faire encore plus qu'avant ? Que devons-nous développer ?
- Où devons-nous être plus présents ? Auprès de quelles cibles, sur quels sujets ?
- Faut-il renforcer un certain type de partenariats ?
- Faut-il intensifier certaines campagnes ?

ÉLIMINER	RENFORCER
ATTÉNUER	CRÉER

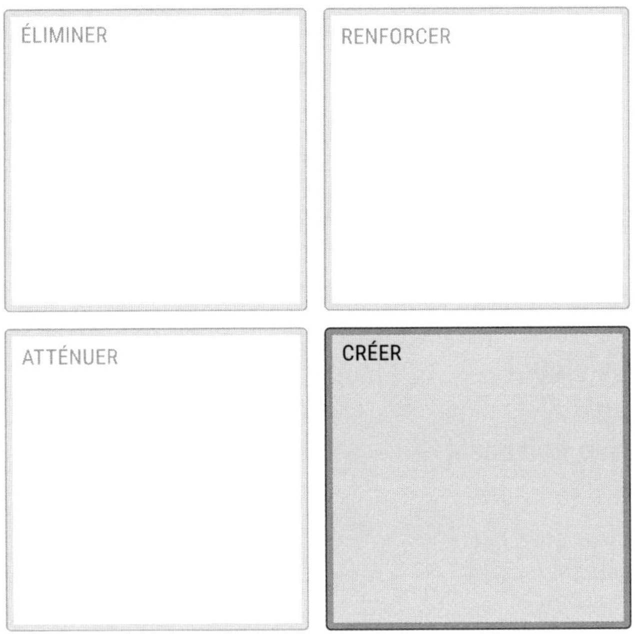

Créer

Il s'agit de mettre en place de nouveaux éléments de communication qui vont contribuer à faire vivre la marque employeur, à renforcer notre communication RH.

- Qu'est-ce qui manque pour incarner pleinement notre marque employeur ?
- Avons-nous besoin d'une identité visuelle employeur ?
- De nouveaux outils ?
- De nouveaux canaux de communication ?
- Faut-il lancer des campagnes ? Pour quelles cibles ?

[ZOOM] La rubrique « Créer »

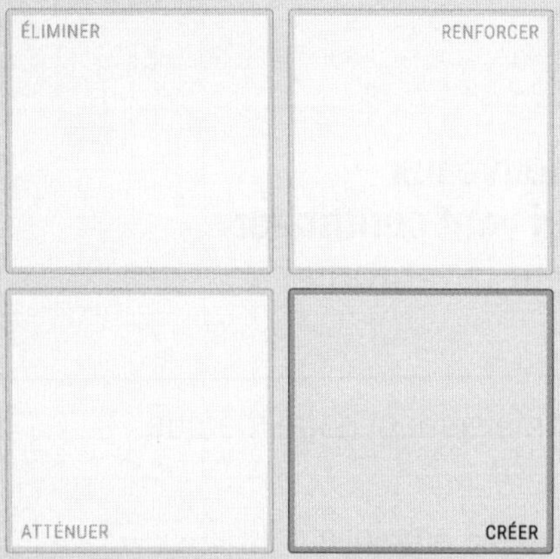

Pour communiquer sur votre marque employeur, vous allez peut-être vous rendre compte que vous avez besoin de développer une identité visuelle spécifique aux RH, incarnant vos valeurs RH et votre positionnement. Cela n'est pas systématiquement nécessaire. Regardez si vos codes et votre identité visuelle de marque sont suffisamment attractifs et significatifs pour vos candidats et vos collaborateurs.

Votre identité visuelle pourra comprendre les éléments suivants :

Une charte graphique employeur avec un univers visuel spécifique

(iconographie, traitement des visuels…)

À décliner sur le site carrière, sur les réseaux sociaux, les jobboards, les campagnes de communication… partout où vous parlez de votre marque employeur.

Un visuel clé

Le visuel clé apparaît sur la majorité des communications RH. Il reflète, sous une forme condensée, votre identité employeur et vos valeurs.

Des guidelines de communication, pour unifier la tonalité de la communication

Il s'agit de préciser votre style de communication. Celui-ci doit être adapté à la personnalité de votre marque employeur.

Par exemple : la façon de raconter une histoire, les tournures de phrase à privilégier, l'univers sémantique, le ton, les mots à ne pas employer, la longueur des phrases, les émotions que l'on veut véhiculer en priorité, etc.

Une « baseline » ou « claim » pour la marque employeur

Une baseline est un slogan. Elle sert de signature à une marque et accompagne le plus souvent le logo de la marque. Elle identifie une marque à des valeurs qui la caractérisent.

La baseline RH peut être calquée sur la baseline de la marque commerciale. Elle s'adresse spécifiquement aux collaborateurs/aux candidats.

Le storytelling de votre marque employeur

Comment votre marque employeur va t-elle se raconter ? Quelle est l'histoire qui va l'incarner et la faire vivre ? Le storytelling permettra de traduire à travers le rédactionnel le « supplément d'âme » qui fait la différence entre votre marque employeur et celle de vos concurrents. Il constituera la base de vos futures campagnes de communication marque employeur.

La Vache Pourpre aligne sa communication RH avec sa marque employeur

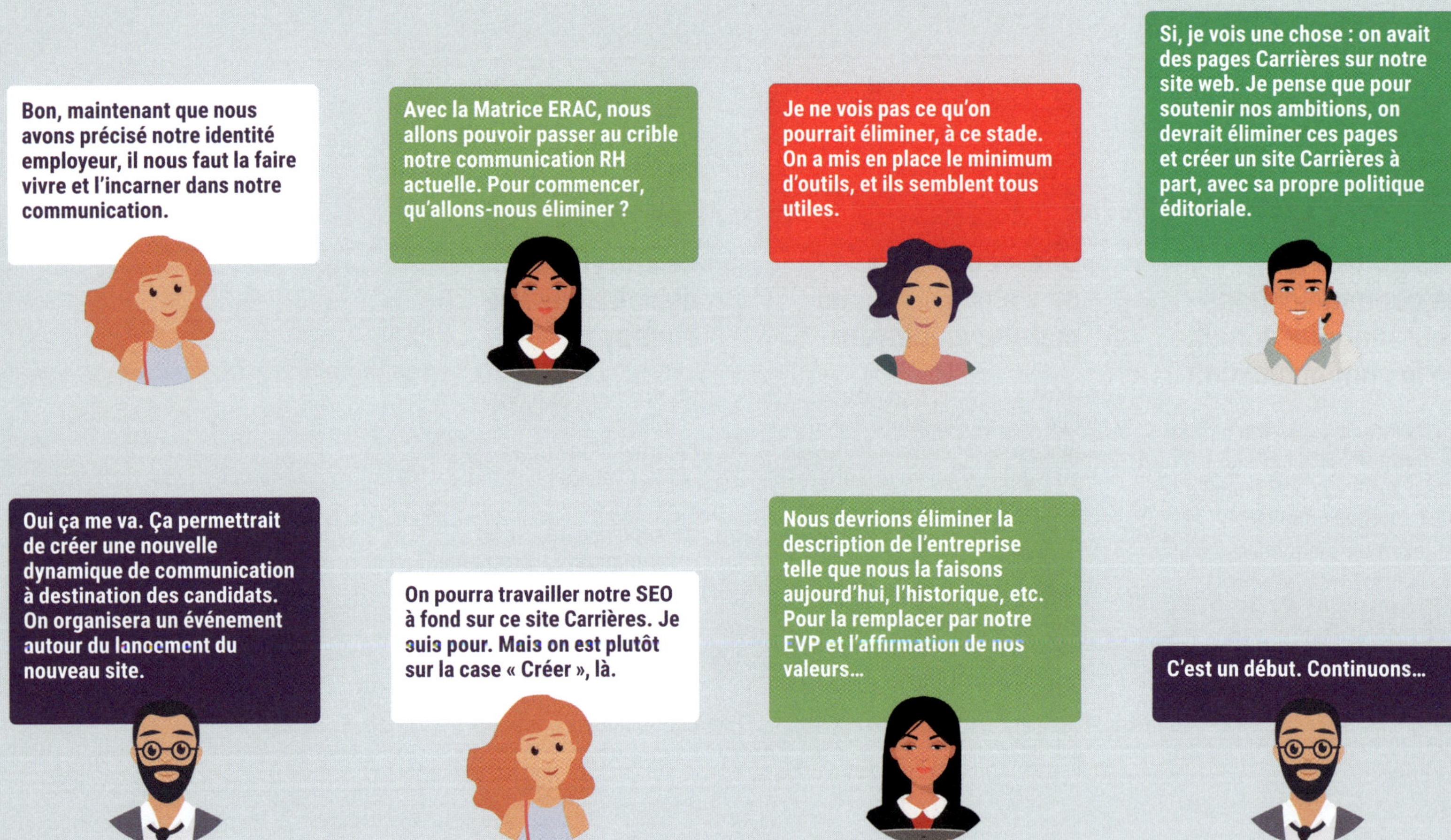

Melanie, CEO

Barbara, DRH

Amir, responsable recrutement

Arthur, responsable de communication

Lee, responsable marketing

LA VACHE POURPRE

ÉLIMINER

- Descriptions actuelles, plutôt formelles et classiques, de LVP sur pages Carrières, jobboards et description de poste
- Campagnes recrutement actuelles (reprendre pour les nouvelles campagnes les leviers de motivation de nos candidats)

RENFORCER

- Mettre en avant les collaborateurs : + de témoignages écrits, vidéos
- Contenus produits par eux ?
- Mettre en avant les valeurs de LVP et engagements sociétaux (sur le site, valeurs sur les descriptions de poste…)
- Mettre en avant autonomie / participation aux bénéfices / créativité

ATTÉNUER

- Discours corporate sur pages Carrière et jobboards
- Mise en avant des fondateurs de LVP
- Mise en avant des aspects techniques du métier (trop identique aux concurrents)

CRÉER

- Site carrière
- Présentation de l'EVP sur description de postes, site, jobboards
- Chaine YouTube avec témoignages métiers
- Nouveaux kakémonos pour salons et événements

4 Construire son plan d'action

C'est la dernière étape ! Vous allez devoir prioriser vos investissements. Votre plan d'action recense les actions à mettre en œuvre pour…

1 → Mettre à jour vos supports de communication RH

Avec la Matrice ERAC, à l'étape précédente, vous avez réfléchi à ce que vous devez éliminer/atténuer/renforcer/créer globalement dans votre communication. **Vous avez donc les axes stratégiques d'action.**

Faites maintenant la liste de vos outils de communication actuels, qui vont devoir être mis à jour. Pensez à vos outils online et offline, aux supports propriétaires et aux autres :

- site carrière
- réseaux sociaux
- supports « print » (flyers, affiches, kakémono, stands…)
- jobboards
- supports de communication corporate qui nécessiteraient une mise à jour également pour être alignés sur la marque employeur
- etc.

Plan d'action mise à jour des supports

Faites la liste des supports à mettre à jour ou à créer en utilisant le tableau suivant :

Support	Action	Délai	Responsable	Prestataire à mobiliser ?

La colonne **Action** indique ce qu'il faut faire / ajouter / enlever / modifier / pour le support concerné.

Les supports de communication non mis à jour ne seront plus utilisés, ils doivent être supprimés des ressources disponibles (pensez aux liens sur le web, aux articles de blog plus anciens, etc.).

4 Construire son plan d'action

2 → Lancer des campagnes de communication RH

En interne : pour faire connaître et expliquer les messages de la marque employeur, révéler l'identité visuelle

Cela peut se faire via les canaux habituels de communication interne, ou à travers un événement dédié. Vous allez peut-être devoir mettre en place un véritable plan de lancement.

Rappelons que le projet sera nécessairement porté par la Direction.

Des collaborateurs « ambassadeurs » peuvent contribuer à diffuser les messages clés.

Vous pouvez également faire réagir d'abord un groupe de collaborateurs « tests », intégrer leurs retours, puis diffuser la marque employeur à l'ensemble de l'entreprise.

En externe : pour développer la notoriété et l'attractivité de votre marque employeur vers des candidats potentiels

Choisissez pour vos campagnes les médias, les formats et les canaux qui parleront le plus à vos candidats potentiels, et qui illustreront votre positionnement employeur.

Si vous voulez donner une image d'entreprise créative et innovante, vous devez l'être aussi dans vos campagnes.

Impliquer des collaborateurs ambassadeurs dans vos campagnes peut s'avérer très efficace.

La Vache Pourpre pose son plan d'action marque employeur

Voici les priorités que La Vache Pourpre a identifiées pour mettre à jour ses supports de communication RH

Support	Action	Délai	Responsable	Prestataire à mobiliser
Site carrière	• Créer le site carrière	J + 6 mois	Barbara et Arthur	Agence « web » (mettre en concurrence ?)
Pages Carrières	• Ajouter EVP + Page sur les Valeurs • Ajouter Témoignages collaborateurs • Revoir pages « pourquoi nous rejoindre ? »	J + 1 mois	Barbara et Amir	Agence com
Pages Carrières	• Supprimer	Après la sortie du site	Arthur	Agence com
Kakémono	• Nouveau texte (mettre en avant messages clés EVP) et visuels	J + 2 mois	Équipe Arthur	Agence com
Instagram	• Changer Bandeau (visuel collaborateurs) • Proposer nouveau planning éditorial selon nouvelles priorités EVP	J + 1,5 mois	Équipe Arthur	
LinkedIn	• Changer Bandeau (visuel collaborateurs) • Changer page entreprise (EVP, valeurs, tonalité…) • Proposer nouveau planning éditorial selon nouvelles priorités EVP	J + 1,5 mois	Arthur + Amir	
Shooting	• Pour site carrière, réseaux sociaux, Wjobboards - Collaborateurs	J + 1 mois	Équipe Arthur	Photographe

Et pour conclure, voici ce que prévoit La Vache Pourpre pour lancer sa marque employeur

En interne

- Présentation à un groupe test de collaborateurs et finalisation de la marque employeur suite à leurs réactions et retours
- RDV visio sur l'heure du déjeuner : Melanie présente la marque employeur à tous les collaborateurs + séance de questions / réponses en live
- Envoi d'un mail à tous les collaborateurs, reprenant les éléments présentés lors de la visio
- Lancement d'un appel à participation en interne pour photos, témoignages et vidéos pour la communication RH

Vers l'externe

REMARQUE : la communication vers l'externe commence après la présentation de la marque employeur en interne (étape 3)

- Annonce du changement à venir : blog, RP, réseaux sociaux de LVP J-2 mois
- Communiqué de presse + RP : présentation de la nouvelle marque employeur
- Modifications progressives des supports de communication
- Lancement campagne nationale de recrutement avec la nouvelle identité

La stratégie d'acquisition candidat

Optimiser sa stratégie de recrutement pour recruter plus vite et mieux

Pourquoi est-ce devenu incontournable d'optimiser sa stratégie de recrutement ?

Parce que les candidats potentiels n'en sont pas tous au même niveau de maturité dans leurs recherches

Vous avez sans doute travaillé sur le profil de vos candidats et peaufiné vos personas candidats. Mais vous ne pouvez pas vous adresser à eux de manière efficace sans tenir compte de leur degré de maturité et d'avancée dans leur parcours candidat. Au candidat qui commence le parcours de candidature, vous ne direz pas la même chose qu'à celui qui est déjà bien avancé dans ses recherches.

→ Sans parcours candidat structuré, vous risquez de mettre en place des actions qui ne seront pas efficaces pour toute une catégorie de candidats.

Parce que la concurrence entre recruteurs s'est intensifiée

Le rapport de force candidat/employeur s'est, dans beaucoup de secteurs, inversé. Pour certains profils très recherchés, les offres de recrutement peuvent d'ailleurs faire face à une pénurie de candidats. Aujourd'hui le recruteur va devoir déployer des capacités d'attractivité et de séduction et proposer au candidat une expérience de candidature réussie, sous peine de le voir se tourner vers la concurrence.

→ Ne pas travailler son parcours candidat, c'est prendre le risque de voir les candidats se tourner vers vos concurrents.

Parce que vous avez besoin d'optimiser vos investissements de recrutement

Les leviers de communication se sont démultipliés ces dernières années, avec le développement du digital. Vous allez donc devoir faire des choix éclairés pour votre stratégie de communication RH à destination des candidats. Travailler votre stratégie de recrutement, c'est justement identifier les étapes du parcours candidat sur lesquelles vous devez renforcer vos actions, et prioriser les investissements en prenant en compte le rapport gain/effort.

Prioriser les investissements et agir là où c'est nécessaire, c'est l'objectif du travail sur la stratégie de recrutement.

Quels bénéfices attendre d'une stratégie de recrutement optimisée ?

Vos actions de recrutement sont plus efficaces

Avec une stratégie de recrutement bien travaillée, vous pouvez vous attendre à améliorer significativement votre processus de candidature, et notamment à :

- augmenter le nombre et la qualité des candidatures reçues,
- être visible des candidats qui vous conviennent le mieux,
- générer plus de candidatures spontanées,
- **recruter plus vite.**

Vous mettez en place une logique vertueuse d'amélioration continue

En travaillant votre stratégie de recrutement avec les méthodes du marketing, vous allez identifier des indicateurs de mesure intermédiaires, c'est-à-dire des indicateurs qui vous permettent de mesurer en temps réel le résultat des principales actions mises en place tout au long du parcours candidat.

Vous allez donc pouvoir réagir rapidement si nécessaire pour corriger une action, et optimiser le processus en continu.

Vous mobilisez l'ensemble des équipes autour de la thématique du recrutement

Vous travaillez la stratégie de recrutement en impliquant d'autres départements de l'entreprise : marketing, communication, vente, équipe de direction, management terrain...

Le recrutement devient l'affaire de tous. Il concerne la globalité de l'entreprise, il demande de mettre en œuvre des compétences très diverses, et il représente un véritable enjeu business.

Vous optimisez vos coûts de recrutement

Vous mettez en place des actions aux bons endroits, en ayant pesé leur impact sur l'objectif final, au regard de l'effort qu'elles demandent.

Cette approche vous permet de rationaliser et optimiser vos investissements.

Travailler son plan de recrutement, c'est pour...

... les grands groupes

Même s'ils bénéficient d'une visibilité et d'une notoriété importantes, **les grands groupes rencontrent aussi des difficultés de recrutement.** Parce qu'ils ont des besoins plus importants, notamment.

Notre marque est-elle toujours attractive pour les candidats ? Qui sont nos concurrents aujourd'hui ? Comment pouvons-nous faire en sorte d'attirer des candidats alignés sur nos valeurs de marque ? Comment innover dans notre stratégie de recrutement ?

Les grands groupes ont l'occasion de creuser ces questions, et bien d'autres, lorsqu'ils travaillent sur leur stratégie de recrutement.

... les ETI, PME et TPE aussi

Les PME et TPE ont, elles aussi, besoin de recruter. Mais elles n'ont pas la visibilité ni la notoriété des grands comptes.

Comment toucher les candidats qui nous intéressent ? Comment faire la différence face à des grands groupes qui promettent tant aux candidats ? Comment s'assurer que nous ne perdrons pas une bonne partie de nos candidats potentiels pendant le parcours de candidature ? Comment optimiser leurs investissements dans des actions de recrutement ?

Les PME et TPE ont l'occasion de creuser ces questions, et bien d'autres, lorsqu'elles travaillent sur leur stratégie de recrutement.

Recruter, vendre : quels points communs ?

Même si, à première vue, on est tenté de répondre que recruter et vendre n'ont rien de commun, il existe en réalité un certain nombre de similitudes entre ces deux processus. C'est pour cette raison qu'il est si pertinent d'appliquer des méthodes de marketing au recrutement.

Recruter est aussi un parcours qui se décompose en étapes de maturité

Pour recruter, il importe de mettre en place **un dispositif** le plus efficace possible, **qui suit la chronologie du process de candidature.** Ceci nécessite de diffuser le bon message, au bon endroit, au bon moment, avec les bons outils, sans « trou dans la raquette » et sans oublier d'aborder le parcours de manière très large (l'avant et l'après candidature font bien partie du processus).

C'est donc un processus similaire à celui de la vente, que l'on décompose en « tunnel de vente » et en étapes de maturité client.

Le recrutement gagne à s'appuyer sur de la data

Aujourd'hui, grâce aux nombreux outils de gestion RH et à tous les outils innovants de « RH Tech », il est possible de collecter un certain nombre de données et de s'en servir notamment **pour enrichir sa stratégie de recrutement** – de la même manière que le marketing utilise la data pour optimiser le processus de vente.

S'appuyer sur de la data permet de mettre en place une optimisation continue de son processus de recrutement.

Dans le processus de recrutement, discours et vécu doivent être en accord

De la même façon qu'en marketing, il est impératif d'assurer une cohérence entre la communication, l'expérience client, le SAV - de même **l'expérience de recrutement doit être alignée sur la communication RH et sur le vécu des collaborateurs.**

Sans quoi, elle risque de provoquer une rupture dans l'expérience et une méfiance chez le candidat.

Recruter, c'est engager un dialogue

Recruter, comme vendre, est fondamentalement **un dialogue.** Du côté du marketing, les clients prennent de plus en plus la parole et écoutent en priorité les témoignages de leurs pairs.

Du côté du recrutement, c'est pareil : les collaborateurs prennent de plus en plus la parole sur leur entreprise et sont volontiers écoutés par les candidats. L'entreprise a tout intérêt à prendre sa place dans les échanges **pour engager un dialogue, qui lui permet de nourrir très tôt une relation avec les candidats**.

À la recherche du « bon candidat »

De même que le marketing recherche « le bon client », celui qui dans l'idéal formera la majorité du portefeuille clients de l'entreprise…

Apporte de la valeur ajoutée à l'entreprise (en plus du CA)

Ne nécessite pas de réinventer notre processus de vente

Partage notre vision du business et nos valeurs

« le bon client »

Son besoin « matche » avec notre offre

Il pourrait devenir un client récurrent, en tout cas rester client longtemps

Il entretient avec l'entreprise une relation de confiance

… de même le recruteur est, lui, à la recherche du « bon candidat », celui qui dans l'idéal sera majoritairement représenté parmi les collaborateurs de l'entreprise.

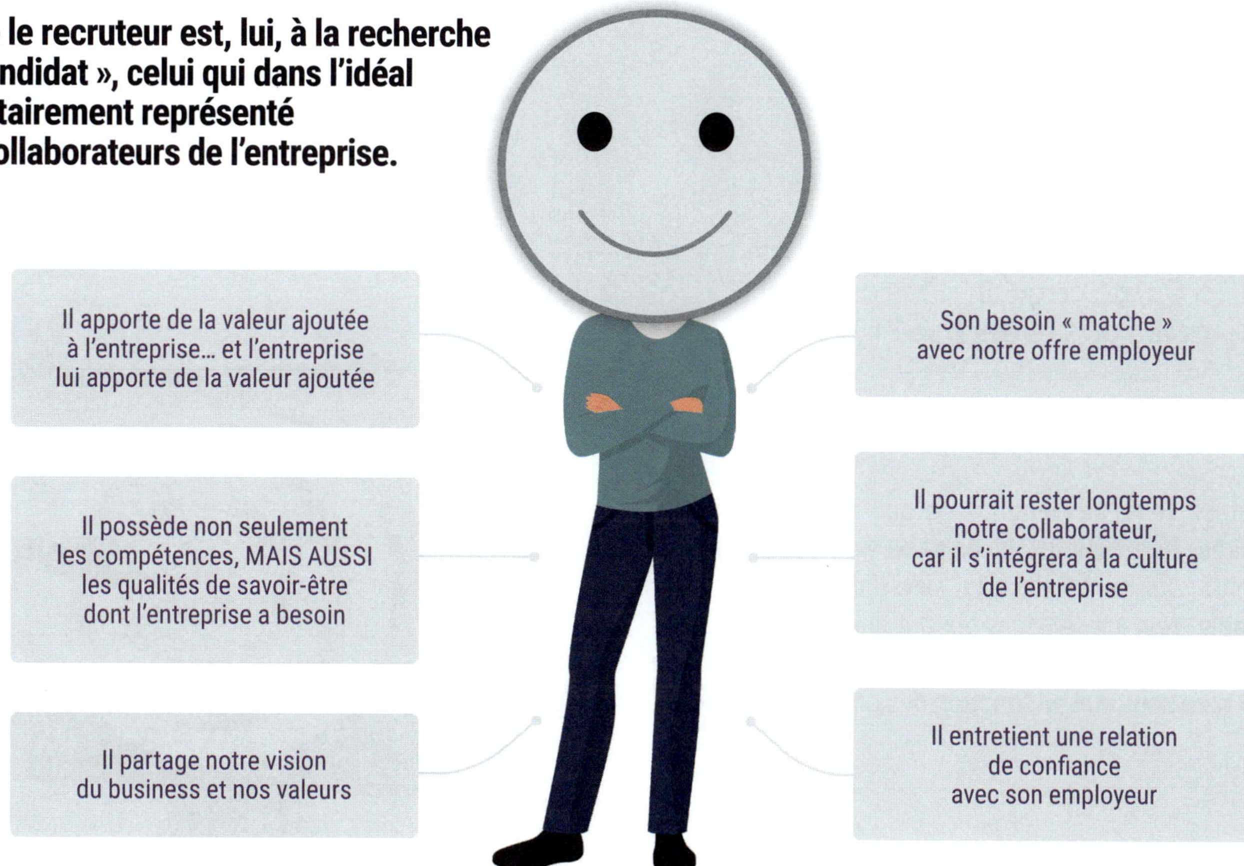

« le bon candidat »

À la recherche du « bon candidat »

Pour se guider dans la recherche du bon candidat, il est intéressant de se poser en amont la question :

« Qu'est-ce qu'un « bon candidat » pour notre entreprise ? »

L'objectif est de tenter d'identifier ce qui, à compétence et profil similaires, fera pencher la balance vers un « oui » ou vers un « non ». Oui, ce candidat va bien s'intégrer chez nous et sera capable d'évoluer et de répondre aussi à nos besoins futurs. Non, il risque de ne pas bien s'intégrer. Le processus de recrutement sera construit en fonction des priorités identifiées.

Qu'est-ce qu'un « bon candidat » pour notre entreprise ?

C'est celui…	Questions permettant de travailler sur l'acquisition
… qui pourrait rester longtemps notre collaborateur, car il s'intégrera à la culture de l'entreprise	Avons-nous défini notre culture d'entreprise ? Quelles valeurs nous portent ? Comment communiquons-nous notre culture d'entreprise vers l'extérieur ? Avons-nous un moyen pour évaluer la capacité du candidat à s'intégrer à la culture d'entreprise ?
… qui possède les qualités de savoir-être dont nous avons besoin	Avons-nous défini quelles qualités de savoir-être sont importantes pour notre entreprise ? L'avons-nous communiqué ? Comment évaluer si le candidat possède ces qualités ? Quels outils peuvent nous y aider ?
… qui apporte de la valeur ajoutée à l'entreprise	Pouvons-nous définir ce qu'est pour nous la « valeur ajoutée » du collaborateur (hormis bien entendu la contribution à la bonne marche et à la croissance de l'entreprise). Une expérience professionnelle à la concurrence, ou à l'étranger ? Une expérience de vie différente de la « norme » ? Un profil différent ? Comment définissons-nous la diversité ?
… et à qui nous apportons de la valeur ajoutée	Que faisons-nous pour l'employabilité de nos collaborateurs ?
… dont le besoin « matche » avec notre offre employeur	Avons-nous établi clairement notre offre employeur ? Connaissons-nous les besoins du candidat ? Pouvons-nous y répondre ? Qu'en pense-t-il ?
… qui partage notre vision du business et nos valeurs	Quelles sont nos valeurs d'entreprise ? Avons-nous communiqué notre vision du business, nos valeurs ? Sur quels critères allons-nous évaluer l'alignement du candidat avec ces valeurs ?
… avec lequel nous avons une relation de confiance	Accordons-nous de l'attention à ce critère durant le processus de recrutement ? Même si cela ne se mesure que dans la durée, comment évaluer ce critère pendant le processus de recrutement ?

Gérer un vivier de talents : et si vous aviez déjà rencontré le bon candidat ?

Pourquoi est-ce intéressant de gérer un vivier de talents ?

- Pour faire en sorte que le candidat qui ne convient pas à l'offre d'aujourd'hui ait le réflexe de re-postuler chez vous lorsqu'une offre lui correspondra.
- Pour réduire les coûts et gagner en efficacité : éviter une politique de stop & go en matière de recrutement, et travailler en mode pro-actif plutôt que réactif.
- Pour réduire le temps du cycle de recrutement.

Un vivier de talents externe

Les entreprises sont nombreuses à repartir de zéro à chaque ouverture de postes. Pourtant elles gagneraient à garder et exploiter les données de candidats avec lesquels elle a déjà été en contact et qui la connaissent déjà : les candidatures spontanées, les candidats qui ne remplissaient pas les conditions pour tel poste, mais qui auraient le profil pour celui-ci...

- C'est donc un enjeu fort d'être en mesure **de répertorier, segmenter, trier et exploiter au même endroit tous les profils,** quelle que soit la façon dont ils sont entrés en contact avec l'équipe RH ou les managers.

- **Les outils de multidiffusion des annonces vous permettent également de recueillir des données** et de les exploiter pour optimiser votre mix de site emploi, en fonction des postes.

Les talents se trouvent aussi en interne

Avant de penser à recruter en interne, pourquoi ne pas chercher à savoir si le talent dont vous avez besoin ne se trouve pas déjà parmi vos collaborateurs ?

La gestion des talents, au sein d'une entreprise, permet de faire émerger et d'identifier les talents internes qui peuvent gagner en compétence et faire progresser l'équipe entière. Il s'agit de conserver ces talents, leurs savoir-faire et leur savoir-être, au sein de l'organisation.

Une politique de formation bien construite permettra de valoriser les talents en interne et de les faire progresser et évoluer là où ils sont nécessaires.

La gestion des talents permet d'identifier les talents que l'organisation devra aller recruter pour combler un manque de compétences et de connaissances en interne.

4 points clés à prendre en compte dans votre processus de recrutement

Comme la vente, le recrutement est un processus

L'objectif du recruteur est de donner envie, de séduire tout au long de ce processus. Celui-ci doit donc être pensé pour « convertir » au mieux les candidats en collaborateurs : fluidité, rapidité, efficacité de la sélection, attractivité de l'expérience.

TEST DE HOGAN :
Plus d'infos en scannant le QR Code ci-contre

1 → Sélectionner les candidats

- Une première sélection s'opère en amont grâce au travail sur la marque employeur qui fait que l'entreprise attire les « bons » candidats, alignés sur ses valeurs de marque notamment
- Un certain nombre d'outils (tests, jeux...) peuvent être utilisés pour affiner votre sélection de candidats et évaluer de manière la plus efficiente et rapide possible la valeur du candidat pour un poste et pour l'entreprise.
- Les tests de sélection, type « test de Hogan », sont par exemple un outil efficace, à condition que vous ayez bien identifié en amont les conditions clés de succès pour un poste donné. Ils vous permettent aussi de faire systématiquement un retour argumenté au candidat, donc de lui apporter de la valeur ajoutée, que vous le recrutiez ou non.
- Le ou les entretiens restent indispensables à un moment du parcours pour évaluer votre « fit » avec le candidat.
- Le collectif a toute sa place dans la sélection des candidats : impliquer les collaborateurs est important pour choisir la personne qui rejoint l'équipe.

2 → Soigner ses descriptions de poste / d'annonce d'emploi

- Elles restent l'outil clé du recrutement, ce qui est susceptible **de déclencher le désir** de vous rejoindre chez un candidat.
- Les points importants pour l'attractivité et la visibilité : le titre du poste, le secteur, les informations disponibles sur la société, la description du poste.
- Il est contre-productif de chercher à attirer le « mouton à 5 pattes », celui qui cumule toutes les compétences, les années d'expérience et le savoir-être. Il importe de définir ses priorités et ses besoins avec soin, et de faire des choix. Lister trop de conditions dans votre description de poste peut vous faire passer à côté de candidats potentiellement intéressants en les empêchant de candidater.
- Travaillez avec les opérationnels (managers, équipes) pour identifier les compétences et qualités principales et préciser leurs besoins pour le poste à pourvoir.
- Gardez en tête qu'il s'agit d'un support de communication. La tonalité a son importance, le « look and feel », les visuels, le support . L'A/B testing peut vous être utile pour améliorer le design de votre annonce.

?

A/B TESTING

Testez une version A de votre annonce auprès d'un groupe de candidats, testez une version B auprès d'un autre groupe et voyez laquelle fonctionne le mieux.

4 points clés à prendre en compte dans votre processus de recrutement

3 → Améliorer la clarté, la fluidité et l'efficacité du parcours de recrutement

- Le parcours candidat, c'est d'abord une expérience vécue. Pensez UX design, choisissez les bons outils, éliminez les frictions, facilitez le contact et la candidature (en limitant le nombre de clics, en optimisant les formulaires, en ajoutant du ludique etc.). On perd facilement un candidat en cours de route.
- La candidature ne se fait pas seulement sur le site Carrières… Les candidats potentiels sont massivement présents sur les réseaux sociaux et les sites spécialisés. Aux États-Unis, 58 % des candidats passent déjà par Twitter pour rechercher un emploi *(Source : Les Échos Magazine)*.
- Le parcours doit être si possible rapide ; le candidat est accompagné tout au long du parcours : vous ne voulez pas perdre en route un candidat qui a de la valeur.
- La candidature est pensée en termes d'expérience à vivre. Elle a un impact d'autant plus fort qu'elle délivre de la valeur ajoutée au candidat. L'innovation est bienvenue pour se différencier (gaming, assessment centers…).
- Attention aux ruptures d'expérience dans le parcours : identifiez-les, pour les éliminer. Par exemple, quand un candidat séduit par votre page LinkedIn participe à un webinaire… et ne retrouve pas dans l'équipe l'image de modernité et d'innovation mise en avant sur les médias sociaux.
- Pensez la totalité du processus de recrutement en amont et expliquez-le clairement (nombre de RDV, avec qui, ce qu'on attend de chaque RDV, feedbacks prévus et sous quelle forme…).

4 → Identifier les KPIs* à suivre

- Comme en marketing, pour le recrutement il importe de s'appuyer sur la data pour optimiser le processus de façon continue, sur le long terme.
- À vous d'identifier les indicateurs que vous pouvez et souhaitez suivre, et de mettre en place le moyen de collecter les informations. Cela va impliquer de s'équiper des outils nécessaires pour collecter la data et lui donner du sens.
- Les KPIs peuvent être quali : vous pouvez par exemple adresser un questionnaire aux candidats qui vous choisissent, et aux candidats qui ne vous choisissent pas (concurrence / salaire...) pour comprendre les attentes et les motivations des uns et des autres.
- ... ou quanti : pour mesurer par exemple le temps de recrutement, ou la qualité de l'embauche (taux de conversion, taux de rétention, niveau d'engagement, capacités d'intégration, valeur ajoutée...).

KPI Key Performance Indicator, ou Indicateur Clé de performance

[RENCONTRE] **Hervé Solus,** CEO et co-fondateur de DigitalRecruiters

Pour travailler sur l'expérience candidat, on a besoin de marketers

Président et fondateur de DigitalRecruiters, diplômé de l'Executive MBA de HEC, **Hervé Solus** possède un parcours marketing digital et direction d'entreprise qui l'ont régulièrement confronté aux problématiques du recrutement. Résolu à faire évoluer le monde du recrutement, il décide de fonder DigitalRecruiters en 2015 avec Florent Schulzendorf. La solution est une plateforme de recrutement tout-en-un destinée aux organisations multisites et multimarques, et qui à ce jour est utilisée par plus de 35 000 recruteurs dans 19 pays.

Le Recrutement est un Enjeu Business,
Éditions Dunod, 2017

Les entreprises sont de plus en plus matures sur le sujet de l'expérience candidat

Le marché a atteint une vraie maturité. Les entreprises ont pris conscience de l'importance du sujet - ce qui est un premier pas important. Malheureusement cela ne signifie pas qu'elles passent à l'action pour autant. Il aura fallu environ 10 ans pour que le sujet de la marque employeur passe de nouveau concept inconnu à sujet largement maîtrisé. Entre 2011, date à laquelle le concept émerge, et aujourd'hui : 10 ans d'évangélisation, d'énergie, de transformation et de pédagogie. Le sujet de l'expérience candidat va-t-il avoir besoin de 10 ans, lui aussi, pour être complètement maîtrisé ?

Une HR Tech en ébullition qui fourmille de nouvelles solutions pour améliorer le recrutement…

Parallèlement à cette prise de conscience du marché, le nombre d'outils à disposition des responsables de recrutement a littéralement explosé. En 2011, on faisait encore largement appel à des sites d'emplois et à des médias traditionnels. Aujourd'hui l'écosystème des start-ups de la HR Tech est incroyablement riche et dynamique. Le fonctionnement même

DigitalRecruiters

du marché a complètement changé. Que ce soit en matière de sourcing, avec le développement spectaculaire de Indeed et la montée en puissance de LinkedIn ; en matière de diffusion des annonces, de pré-sélection, d'évaluation et de sélection des candidats, de gestion des processus de candidatures... de nouveaux outils ne cessent d'arriver sur le marché. Même l'IA (Intelligence Artificielle), dont on ne savait pas au début si elle tiendrait ses promesses, commence à pouvoir être sérieusement prise en compte.

... mais les directions RH sont encore trop en retrait face à ces nouvelles opportunités

Il reste beaucoup à faire pour améliorer l'expérience candidat, les opportunités sont énormes. Pourquoi cela ne va-t-il pas plus vite ? **J'identifie deux freins principaux :**

- **La maîtrise des sujets du digital :** pour bien utiliser le marketing digital, il faut acquérir une culture digitale et surtout maîtriser les outils digitaux. Il faut avoir envie d'y aller, de tester, d'innover... quitte à se tromper. Il faut accepter de prendre le risque de montrer qu'on ne maîtrise pas complètement le sujet. Aujourd'hui c'est ce qui freine beaucoup de porteurs du sujet recrutement : ils ont peur de se saisir de ces nouveaux

[RENCONTRE] **Hervé Solus,** CEO et co-fondateur de DigitalRecruiters

outils. Quand on voit l'abondance des outils disponibles sur le marché autour de l'acquisition de candidats, il est vrai que ça peut être impressionnant. Comment savoir par où attaquer ? Comment sélectionner les outils ? Comment les vendre à sa direction ? Comment conserver ou remettre du sens dans le processus de recrutement ?

- **Le manque de temps et de moyens** pour produire des contenus : on peut être persuadé de l'efficacité d'une stratégie de contenus, mais manquer de temps et de moyens pour la mettre en œuvre, mesurer les résultats, optimiser en continu. Il faut savoir comment arbitrer les choix à faire et identifier les priorités.

Le recruteur va devenir un marketeur pour réussir !

Les responsables du recrutement jouent un rôle stratégique pour le développement du business de l'entreprise. **Leur profil a beaucoup évolué.** On voit arriver à ce poste de plus en plus de personnes venant des opérations, du terrain, ou du marketing. Les profils acquisition et growth hacking sont également bien adaptés à ce métier. Pour recruter aujourd'hui, il faut penser comme un marketer et travailler sur la visibilité, l'attractivité, la fidélisation, l'engagement… comme si on s'adressait à un client. C'est devenu un métier très technique et spécialisé, et en même temps cela demande toujours beaucoup de bon sens.

Les entreprises avec un enjeu fort de recrutement ont tout intérêt à mettre en place **une équipe dédiée au recrutement,** qui mettra l'expérience candidat au cœur de sa réflexion. **C'est pour cette raison qu'elles font appel à DigitalRecruiters : nous leur apportons une forte valeur ajoutée, qui leur permet de réduire rapidement leur cycle de recrutement tout en gagnant en efficacité, avec un impact rapide sur le compte de résultat.**

DigitalRecruiters

La méthode pour construire sa stratégie d'acquisition candidat

Construire pas à pas son plan de recrutement, en 4 étapes

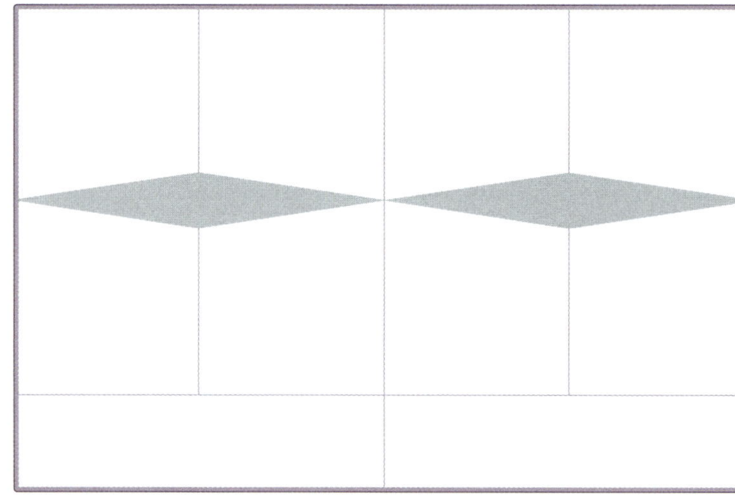

1 Comprendre vos candidats

À partir du **Canvas d'Acquisition candidat,** vous vous posez toutes les bonnes questions pour vous mettre à la place de votre candidat et comprendre son parcours.

2 Formaliser le parcours candidat

Vous formalisez en détail le **parcours candidat,** c'est-à-dire les étapes et actions clés menées par le candidat au cours de sa recherche d'emploi.

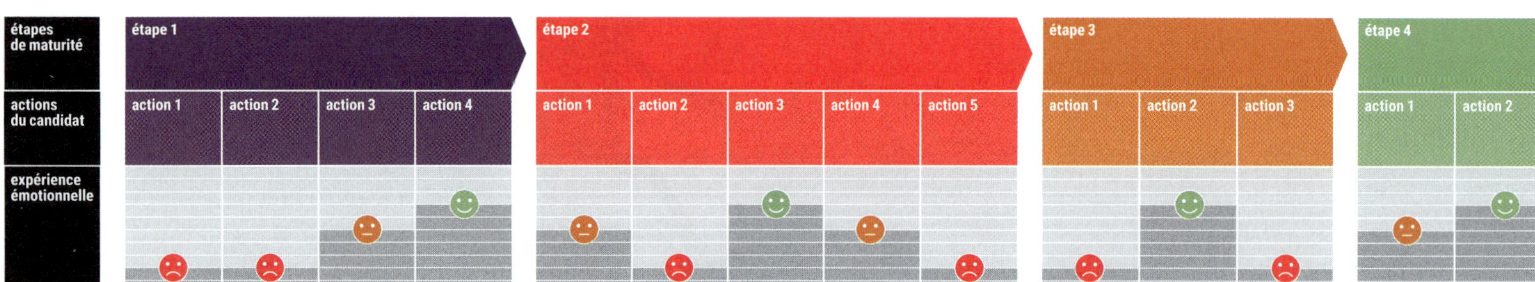

3 Compléter la matrice de recrutement

Sur la **matrice de recrutement,** vous assignez des actions d'acquisition en fonction des actions du candidat.

étapes de maturité	étape 1				étape 2					étape 3			étape 4	
actions du candidat	action 1	action 2	action 3	action 4	action 1	action 2	action 3	action 4	action 5	action 1	action 2	action 3	action 1	action 2
actions d'acquisition	actions d'acquisition 1		actions d'acquisition 2		actions d'acquisition 1	actions d'acquisition 2	actions d'acquisition 3	actions d'acquisition 4	actions d'acquisition 5	actions d'acquisition 1	actions d'acquisition 2	actions d'acquisition 3	actions d'acquisition 1	actions d'acquisition 2
canaux de diffusion	canaux de diffusion 1		canaux de diffusion 2		canaux de diffusion 1	canaux de diffusion 2	canaux de diffusion 3	canaux de diffusion 4	canaux de diffusion 5	canaux de diffusion 1	canaux de diffusion 2	canaux de diffusion 3	canaux de diffusion 1	canaux de diffusion 2
indicateurs intermédiaires	indicateurs intermédiaires 1		indicateurs intermédiaires 2		indicateurs inter-médiaires 1	indicateurs inter-médiaires 2	indicateurs inter-médiaires 3	indicateurs inter-médiaires 4	indicateurs inter-médiaires 5	indicateurs inter-médiaires 1	indicateurs inter-médiaires 2	indicateurs inter-médiaires 3	indicateurs inter-médiaires 1	indicateurs inter-médiaires 2
organisation	organisation 1		organisation 2		organisation 1	organisation 2	organisation 3	organisation 4	organisation 5	organisation 1	organisation 2	organisation 3	organisation 1	organisation 2
outils et supports	outils et supports 1		outils et supports 2		outils et supports 1	outils et supports 2	outils et supports 3	outils et supports 4	outils et supports 5	outils et supports 1	outils et supports 2	outils et supports 3	outils et supports 1	outils et supports 2

4 Définir votre plan de recrutement

Le **plan de recrutement** est la dernière étape : vous priorisez les investissements à réaliser. Vous vous concentrez de cette manière sur ce qui doit être accompli en premier lieu, tout en alignant vos équipes RH avec les équipes marketing, communication et vente.

diagnostic	informations 1		informations 2		informations 1	informations 2	informations 3	informations 4	informations 5	informations 1	informations 2	informations 3	informations 1	informations 2

Le Canvas d'acquisition candidat

Le double diamant

?

LE SAVIEZ-VOUS ?
À l'origine, la figure du double diamant a été créée en 2004 par l'UK Design Council, dans le but de proposer une méthodologie de l'innovation. Depuis, elle a été déclinée dans de nombreux domaines.

Son adaptation au parcours candidat

De par sa simplicité et sa clarté, nous avons repris la méthodologie du double diamant pour l'appliquer au parcours candidat. Elle permet ainsi de refléter visuellement les états du candidat au cours de son parcours.

Les 3 états du candidat sur le parcours

1 → Prise de conscience du besoin de changement

Le candidat a conscience d'avoir besoin ou envie de chercher un emploi / de changer de job. Il ne sait pas encore précisément où il pourrait envoyer sa candidature. Il est en phase de « défrichage » du marché.

2 → Décision d'envoyer sa candidature

Le candidat a identifié les secteurs et les entreprises qui l'intéressent. Il va approfondir une dernière fois sa recherche et envoyer sa candidature.

3 → Signature du contrat de travail

Après avoir fait son choix, le candidat signe son nouveau contrat de travail.

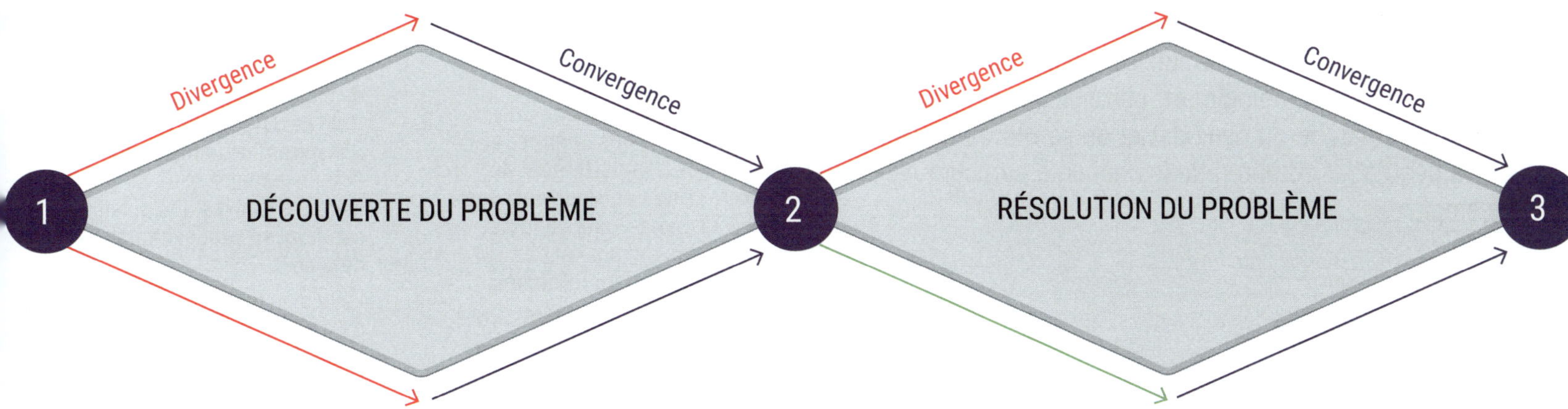

Divergence

Tout comme l'air devient chaud en prenant plus d'espace, la divergence reflète le moment où le champ de vision du client est élargi et où il prend en considération de nombreuses possibilités.

Convergence

Ensuite, vient la convergence : le client se focalise sur une unique décision et se concentre sur la solution.

Comprendre ses candidats avec le Canvas d'Acquisition candidat

Le Canvas d'Acquisition candidat ?

Le Canvas d'Acquisition candidat s'inspire directement du Canvas d'Acquisition 1min30 utilisé pour comprendre son client. Il allie méthodologie et chronologie. Il permet de détailler la démarche du candidat et de se mettre réellement dans sa peau pour comprendre le chemin à parcourir vers un futur emploi.

Travaillez en équipe

Le Canvas d'Acquisition candidat est bien plus pertinent lorsqu'il est abordé **avec l'ensemble des équipes concernées** par l'élaboration du parcours de recrutement. Pourquoi ne pas associer également à votre réflexion des collaborateurs récemment arrivés dans l'entreprise ?

8 questions clés

Les 8 questions du Canvas d'Acquisition candidat vous aident à approfondir au maximum les étapes du parcours candidat. En y répondant, vous comprenez mieux le comportement de votre candidat. Vous abordez ainsi son parcours candidat avec plus de recul et des informations approfondies.

En plus de ces questions, vous approfondissez les mots-clés recherchés par votre candidat pour trouver votre solution.

Simplicité, clarté et exhaustivité

Ajouter de la profondeur tout en restant simple et clair est un challenge que relève le Canvas d'Acquisition candidat. S'inspirant de la figure du double diamant et de sa clarté, le Canvas d'Acquisition candidat se veut exhaustif et détaillé.

Le design du Canvas d'Acquisition candidat vous permet d'aborder facilement la complexité des étapes du parcours candidat

le Canvas d'Acquisition CANDIDAT

PROJET | DATE | VERSION

Qui est le candidat ? Qu'est-ce qui déclenche le début de sa recherche d'emploi ?

Comment se fait la recherche au démarrage ?

Comment le candidat approfondit-il sa démarche une fois qu'il a resserré le périmètre de sa recherche ?

Sur quels critères le candidat décide-t-il de rejoindre une entreprise ?

PRISE DE CONNAISSANCE DU MARCHÉ

CANDIDATURE ET CHOIX DE L'EMPLOYEUR

Mots-clés génériques

Qui est impliqué dans la recherche d'emploi ? Quels sont les enjeux de la recherche d'emploi ?

Comment le candidat prépare-t-il sa candidature ?

Mots-clés spécifiques

Quelle est la temporalité du processus de prise de connaissance du marché ?

Quelle est la temporalité du processus de candidature et d'embauche ?

Téléchargez **LE CANVAS D'ACQUISITION CANDIDAT** en flashant le QR Code ci-contre

Q1 Qui est le candidat ? Qu'est-ce qui motive sa recherche d'emploi ?

Les personnes qui vont se lancer dans la recherche d'emploi sont vos personas…

Il s'agit de profils types pour désigner les personnes principales qui sont susceptibles de vous envoyer leur candidature. Pour découvrir qui sont vos potentiels candidats, en identifiant ce qui fait leur point saillant, utilisez le tableau suivant :

Ceux qui	verbe	Complément

PAR EXEMPLE

Ceux qui	verbe	Complément
Les personas susceptibles d'envoyer leur candidature à La Vache Pourpre…	ont un diplôme	de développeur
	font partie	de notre vivier de talents
	ne sont pas	attirés par les grands groupes
	ont quitté	la concurrence

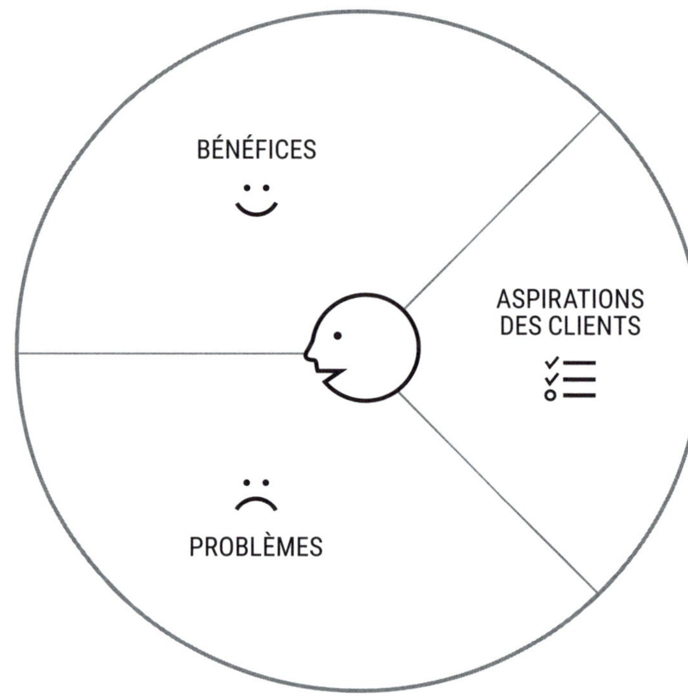

Strategyzer
strategyzer.com

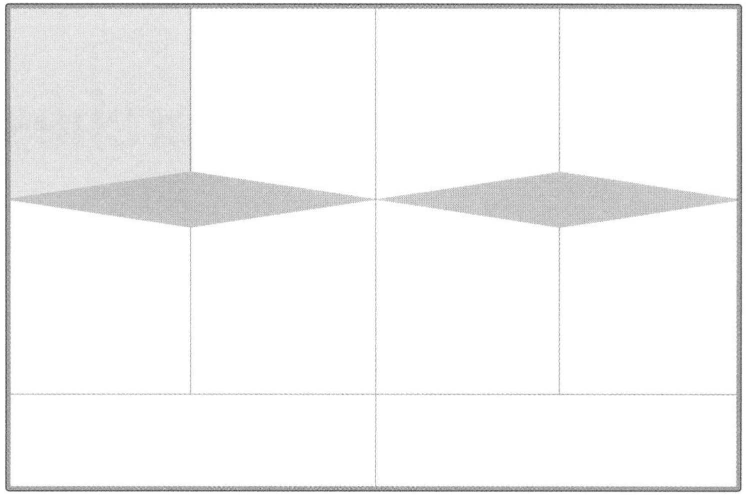

Quelle est la situation de départ du candidat, pourquoi se lance t-il dans une recherche d'emploi ?

Les situations de départ des personas peuvent être très variées. Ils peuvent rechercher un 1er emploi, ou bien avoir connu déjà plusieurs années de carrière professionnelle. Ils peuvent avoir besoin d'un emploi rapidement, ou être dans une situation confortable qui leur permet de prendre leur temps dans leur recherche.

Pour mieux connaître et appréhender les situations de départ des candidats posez-vous ces quelques questions :

Une question prioritaire ?

- Le candidat occupe t-il un emploi en ce moment ?
- S'agit-il d'un premier emploi ou bien a-t-il plusieurs années de carrière ?
- Quelles raisons le poussent à chercher un emploi ?
- Le candidat est-il en position de force face aux recruteurs ?
- A-t-il urgence à trouver un nouvel emploi ?

Quelle attitude dans cette situation ?

- Quelles émotions accompagnent la recherche d'emploi ?
- S'agit-il d'émotions principalement positives ? Principalement négatives?
- Le candidat est-il proactif dans sa recherche ?
- Est-il au contraire passif, si oui pour quelle raison ?

Q2 Comment le candidat effectue-t-il ses premières recherches ?

Avec cette question, vous vous intéressez aux premières démarches de recherche réalisées par le candidat dans cette phase de « défrichage », alors qu'il ou elle n'a pas encore identifié la ou les entreprises auxquelles il ou elle souhaite envoyer sa candidature.

Comment le candidat cherche-t-il à comprendre le marché de l'emploi, comment « resserre-t-il » sa démarche de recherche ? Quelles informations cherche-t-il au démarrage ?

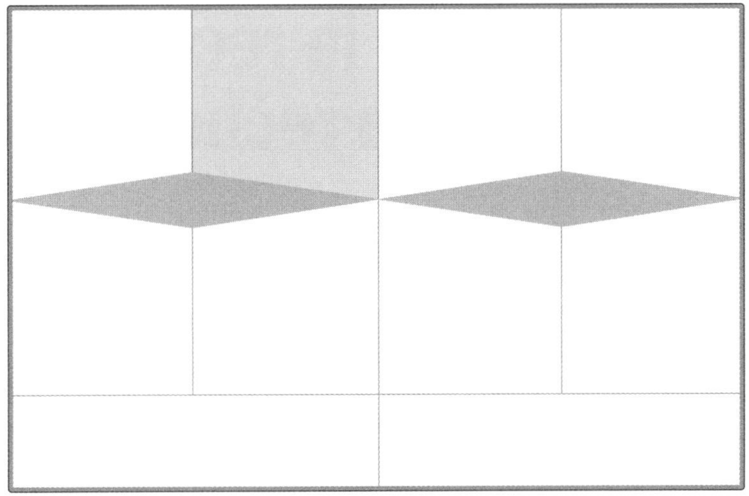

Comment le candidat effectue-t-il ses premières recherches ?

- Que lit-il ?
- Que regarde-t-il ?
- Qu'écoute-t-il ?
- Préfère-t-il les supports digitaux ou physiques ?
- Comment est-il confronté à de nouvelles informations ? (publicité, bouche-à-oreille…)

Auprès de qui cherche-t-il des informations ?

- Est-ce qu'il en parle avec son entourage ? Est-ce facile/difficile d'en parler ?
- Vers quels réseaux se tourne-t-il ? Étude ? Famille ? Amis ? Autre réseau ?
- Peut-il en parler dans son travail actuel (s'il est en poste) ?
- Comment en parle-t-il à son entourage ? Quelles questions pose-t-il ? Quel type d'informations cherche-t-il ?
- Se tourne-t-il vers des organismes ou des associations spécifiques ?

Quelles actions mène-t-il à ce stade ?

- Participe-t-il à des événements publics ?
- Rejoint-il un groupe d'alumni ?
- Suit-il une formation, un cours, pour savoir exploiter LinkedIn (ou autre réseau/outil), pour savoir se « vendre » sur le Web, faire un CV, ou autre ?

Q3 Qui est impliqué dans la recherche d'emploi ? Quels sont les enjeux de la recherche d'emploi ?

Ce qui vous intéresse ici, c'est de comprendre dans quelle mesure la recherche d'emploi du persona est un processus personnel, ou un processus qui implique d'autres personnes que lui -même. C'est aussi le moment d'explorer quels sont les enjeux qui vont guider la recherche d'emploi.

Les questions à se poser vont permettre de comprendre le contexte de vie du persona.

Par exemple, si le persona est jeune, que c'est son premier emploi, qu'il n'a pas d'enfant, la recherche d'emploi va probablement n'impliquer que lui - et éventuellement son conjoint ou sa conjointe. Le premier emploi pourra être considéré comme l'accès à l'indépendance économique. Il peut aussi être porteur d'autres enjeux. Lesquels ?

Si le persona doit faire face à des contraintes financières, qu'il a des enfants, un niveau de vie qu'il souhaite maintenir, ou que la valeur du candidat tient essentiellement à son expérience professionnelle spécifique... alors la recherche d'emploi va être orientée par des enjeux bien précis.

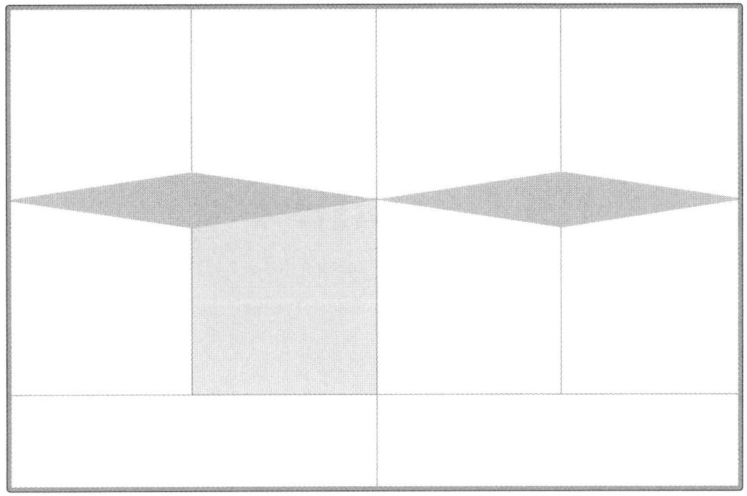

Qui est impliqué dans la recherche d'emploi ?

- Un/e conjoint/e ?
- Des enfants ?
- Des personnes à charge ?
- En quoi cela impacte-t-il la recherche ? (mobilité géographique, équilibre vie pro/vie perso...)

Quels sont les enjeux de la recherche d'emploi ?

- Avoir son indépendance économique ?
- Réaliser un projet de vie ? (mariage, maison, enfants...)
- Faire face à des contraintes économiques ?
- Valoriser un parcours professionnel ?
- Réussir sa retraite ?
- Se réaliser dans un emploi qui a du sens ?
- Trouver au plus vite un emploi près de chez soi ?

Q4 Comment le candidat approfondit-il sa démarche, une fois qu'il a resserré le périmètre de sa recherche ?

Une fois qu'il a compris où (dans quels secteurs, dans quelle(s) région(s), dans quelle(s) entreprise(s)) il souhaite envoyer sa candidature, le candidat va chercher à confirmer sa décision avant d'envoyer sa candidature.

Cette section du Canvas vous invite à vous interroger sur ce que recherche le candidat à cette phase de son parcours, et quelles actions il entreprend pour approfondir sa connaissance de vos entreprises, puis envoyer ses candidatures.

Il est important de connaître les alternatives qui se présentent à votre persona, pour évaluer si vous répondez au mieux à sa demande.

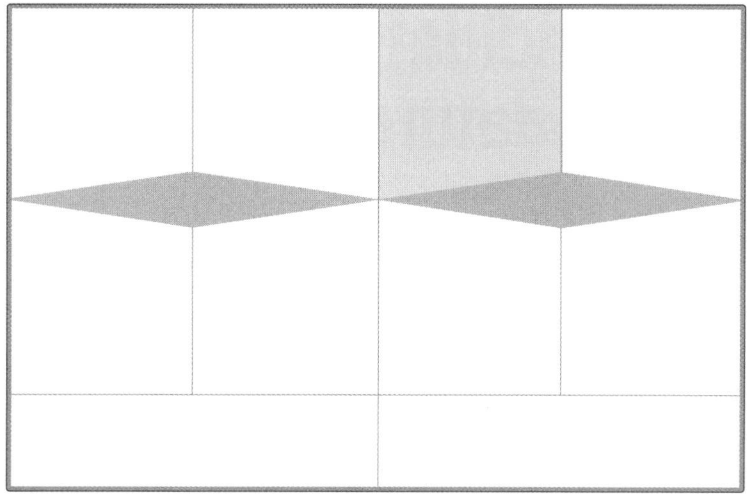

Qui sont mes concurrents directs ?

- Qui sont mes principaux concurrents ?
- Sont-ils connus ?
- Constituent-ils une menace ?
- Que proposent-ils en termes de marque employeur ?
- Pour quelle raison mon persona pourrait-il préférer rejoindre la concurrence ?
- Comment se font-ils connaître ?

Comment mon persona approfondit-il sa connaissance des entreprises qui ont retenu son attention ?

- Prend-il contact avec l'entreprise qui l'intéresse ?
- Comment ? (chat ? mail ? base de données ? webinar ? FB live ? salon ? ...)
- Se renseigne t-il auprès de son entourage ?
- Quel type d'information recherche-t-il à ce stade ?
- Comment trouve-t-il ces informations ? Où cherche-t-il ?

Comment s'effectue la prise de décision de candidater ?

- Quelles informations sont indispensables à la prise de décision ?
- Que regarde-t-il avant d'envoyer sa candidature, que cherche-t-il à savoir sur l'entreprise ?
- Qui participe à la prise de décision ?

Q5 Comment le candidat prépare-t-il sa candidature ?

Une fois que le candidat a pris sa décision, il prépare sa candidature. À ce moment, votre travail d'acquisition n'est pas terminé. Car le candidat a besoin d'informations pour pouvoir préparer et envoyer une candidature de qualité.

Faire le tour de la question en détail vous permettra de recevoir des candidatures qui répondent à vos attentes.

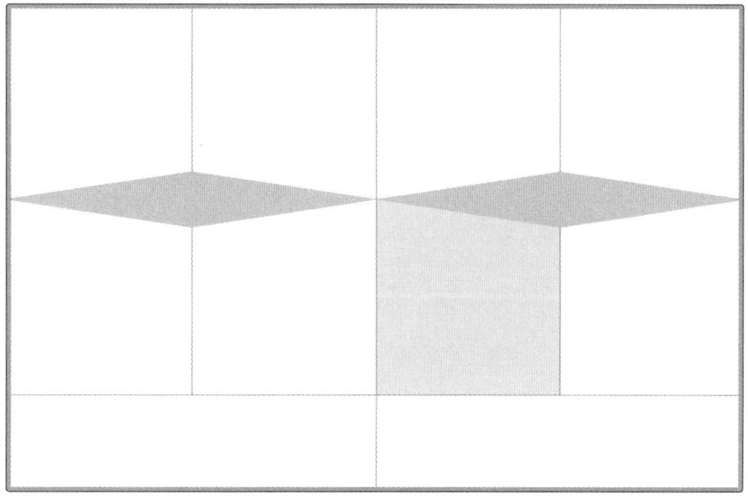

De quoi le candidat a-t-il besoin pour préparer sa candidature ?

- Quelles questions se pose-t-il ?
- De quelles informations a-t-il besoin ?
- Où recherche-t-il ces informations ?
- Comment prépare-t-il sa candidature ?
- Implique-t-il d'autres personnes ?
- Qui contacte-t-il ?

Quels sont les éventuels freins à l'envoi de sa candidature ?

- Quelque chose peut-il bloquer le processus et faire revenir le candidat en arrière ?
- Comment expliquer ces barrières éventuelles ?
- Pouvez-vous les prévenir ou les contourner ?

Q6 Sur quels critères le candidat décide-t-il de rejoindre l'entreprise ?

Il s'agit ici de comprendre ce qui va influencer la décision du candidat, en positif ou en négatif, au cours du parcours de recrutement.

Quelques-uns des critères de décision à prendre en compte dans votre analyse

La qualité de ses interactions avec l'entreprise

Au cours de son parcours de candidature, le candidat a eu des interactions avec l'entreprise. Il a été amené à expérimenter ce qu'il pourrait vivre en tant que collaborateur. La qualité (professionnelle, humaine) de ces interactions et un critère fort de décision pour candidater.

La notoriété et l'influence de la marque

Le candidat peut accorder une importance forte à la notoriété de la marque de son employeur. Avoir travaillé pour cette marque reconnue donnera de la valeur à son parcours et augmentera significativement son employabilité future.

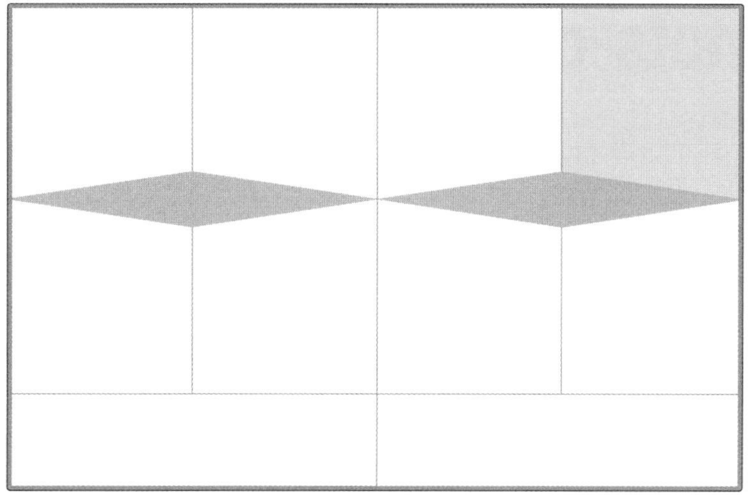

Les préoccupations sociétales et environnementales

Ceci fait partie des priorités d'un nombre croissant de candidats, qui intègrent à leur choix les valeurs affichées par leur employeur et les actions mises en place pour respecter un certain nombre d'engagements pour la société et la planète. Non, le salaire ne suffit plus à faire venir un candidat.

Le salaire et autres compensations

Le salaire reste malgré tout un levier de décision important, le salaire au sens large, incluant tous les éléments du package de rémunération. La rémunération est bien sûr comparée avec celle qui est proposée par la concurrence.

Les opportunités de carrière

Toutes les opportunités de carrière proposées au candidat constituent un levier de motivation important. Non seulement parce que ces opportunités sont considérées comme sources d'expériences enrichissantes (dans tous les sens du terme) et potentiellement épanouissantes, mais aussi parce que, avec ces opportunités, vous augmentez là aussi l'employabilité du candidat.

L'emplacement géographique

L'emplacement géographique de l'employeur occupe une place élevée dans la liste des critères de décision des candidats. Parce que c'est un élément fondamental de sa qualité de vie. Loin ou près du domicile ? Au cœur d'un grand centre urbain, très recherché ? Un lieu facile d'accès en transports en commun ?...

Q7 Q7bis

Les mots-clés

Les mots-clés de vos candidats sont très importants.

Ils reflètent la manière dont vos candidats et vos collaborateurs actuels recherchent leur futur emploi. Ce sont donc de précieuses informations que vous pouvez utiliser !

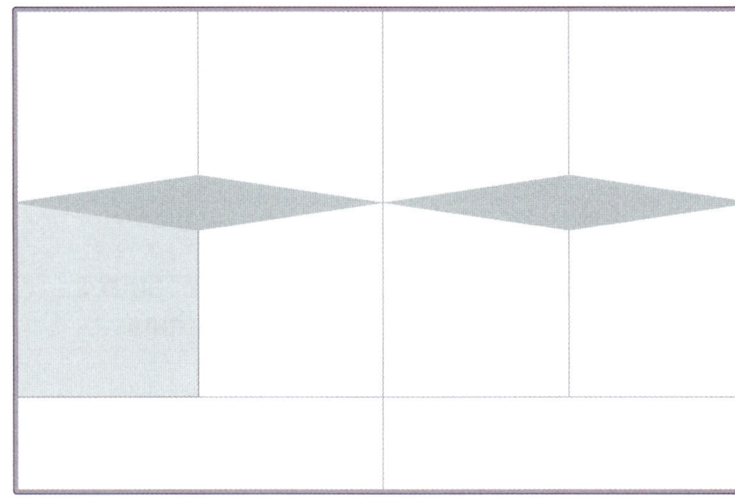

Les mots-clés génériques

Ce sont ceux recherchés par les « ignorants », les personnes en tout début de parcours qui cherchent à s'informer de façon assez générale sur un sujet, un secteur, un type de poste.

Enquêter sur les mots-clés génériques de vos candidats vous permet de comprendre ce qu'ils recherchent, de quelles informations ils ont besoin, et de vous positionner au tout début de leur parcours de recherche.

Les mots-clés génériques renvoient aux mots-clés de courte traîne, qui sont assez courts et de ce fait plutôt génériques.

Les mots-clés spécifiques

Ce sont des mots-clés plus précis. À ce stade, votre persona a déjà des idées des secteurs, régions et/ou entreprises qui l'intéressent le plus et recherche activement une information plus précise qui l'aide dans son processus de décision.

Il est important de mettre régulièrement à jour cette liste de mots-clés spécifiques. Cela vous permet de vous positionner au mieux dans la réflexion de votre candidat et d'avoir toutes les chances d'être pris en compte dans sa recherche d'emploi.

Les mots-clés spécifiques sont donc comme les mots-clés de longue traîne. Ils sont plus ciblés et plus longs que les mots-clés génériques.

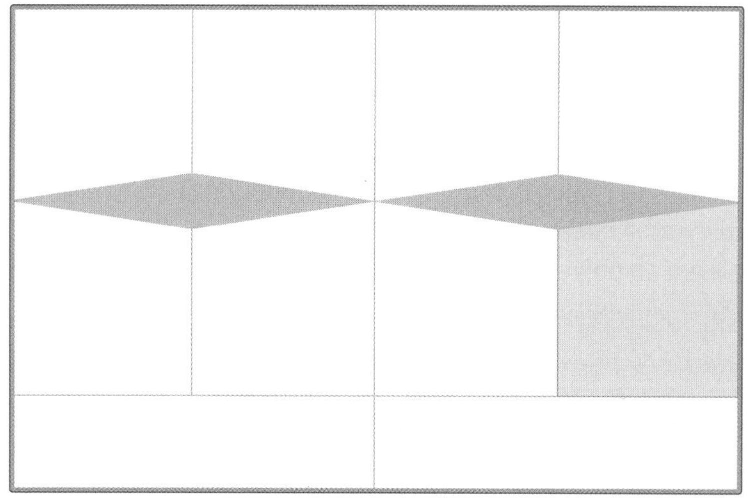

Q8 Q8bis Quelle est la temporalité…

… du processus de prise de connaissance du marché ?

Ce processus va dépendre de la situation du candidat, de ses connaissances sur le marché de l'emploi, des enjeux de sa recherche. Si la situation du candidat lui permet de temporiser, s'il est en poste, s'il est en cours d'études, le processus pourra durer plusieurs mois.

- Quelles sont les étapes du processus de prise de connaissance du marché ?
- Peuvent-elles être temporisées ?
- Quel est le rétroplanning autour de ces dates clés ?

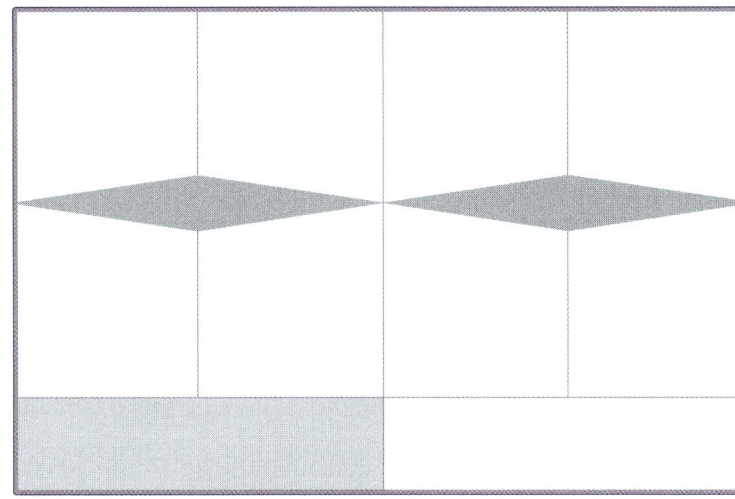

… du processus de candidature ?

En comparaison de la phase précédente de prise de connaissance du marché, cette phase est généralement moins longue. Là encore, tout dépend de la situation du candidat, de son profil, s'il est très recherché, si la concurrence est forte, etc.

Pour autant, les mêmes questions sont valables pour évaluer la temporalité :

- Quelles sont les étapes du processus de prise de connaissance du marché ?
- Peuvent-elles être temporisées ?
- Quel est le rétroplanning autour de ces dates clés ?

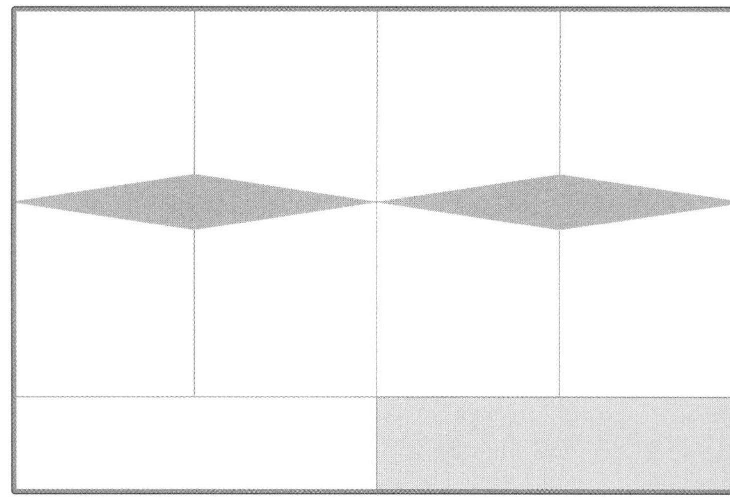

Pour réduire les coûts de recrutement et répondre aux besoins de leurs clients internes, les RH ont un enjeu fort de réduction du temps de recrutement. Tout ce qui pourra contribuer à la réduction de ce processus, sans altérer la qualité du recrutement, mérite donc d'être considéré (outils, recrutements sous forme d'expériences de groupe, etc.)

Concentrez-vous sur un type de candidat à la fois

En particulier si vous êtes à la recherche de profils bien spécifiques, ou « hors normes », remplissez le Canvas d'Acquisition candidat en vous concentrant sur le profil en question. Cela vous permettra d'explorer en détail leurs actions et leurs besoins, puis d'identifier les outils nécessaires.

Voici quelques profils auxquels vous pouvez consacrer un Canvas :

Les stagiaires, les alternants et les apprentis

Il n'est pas toujours simple de trouver les bons profils d'alternants ou de stagiaires. De leurs côtés, les alternants ou les stagiaires eux-mêmes ont du mal à trouver une entreprise. Il existe un besoin des deux côtés, mais il arrive que ces besoins ne se rencontrent pas. Voici quelques questions à vous poser :

- Quel est leur profil ?
- Où se trouvent-ils ? Dans quelles écoles, universités, formations ?
- De quoi ont-ils besoin ?
- Comment font-ils leurs recherches ? Sur quelles plateformes se trouvent-ils ?
- Quels sont leurs réseaux ?
- Quels organismes fréquentent-ils ?
- Quels sont leurs enjeux ?
- Qui sont nos concurrents ?

Les profils « non digitalisés »

Nous entendons par là des personnes qui n'utilisent pas ou très peu internet et les réseaux sociaux. Elles ont en revanche un smartphone. Voici quelques questions à vous poser :

- Pouvons-nous définir leur profil ?
- Où cherchent-elles de l'information ?
- Quels sont leurs réseaux ?
- Pouvons-nous toucher des prescripteurs ?
- Quels endroits fréquentent-elles ? (physiques ou virtuels)
- Que lisent-elles, qu'écoutent-elles, que voient-elles ?
- Quels sont leurs enjeux ?
- Qui sont nos concurrents ? Que font-ils ?

Les personnes en reconversion

Les parcours de reconversion autrefois considérés comme atypiques sont aujourd'hui de plus en plus courants. La crise sanitaire de la Covid-19 a accentué cette tendance à vouloir changer de vie, de région, de métier. Les personnes en reconversion constituent une cible intéressante, car ce sont généralement des personnes flexibles, pro-actives, motivées, en mouvement, riches de leur expérience passée. Si ces profils vous intéressent, posez-vous quelques questions :

- Où ces candidats sont-ils formés ?
- Y a-t-il des associations d'alumni ?
- Où cherchent-ils de l'information, que lisent-ils, que regardent-ils ? (forums, portails, sites d'information, presse, organismes...)
- Quelles sont leurs attentes ? Leurs freins ? Leurs enjeux ? Leurs motivations ?
- Quelle est leur valeur ajoutée ?

Concentrez-vous sur un type de candidat à la fois

Les personnes en CDD

Le CDD n'est pas toujours un contrat choisi. Il peut aussi être sélectionné « faute de mieux ». Mais pas toujours. Voici quelques questions à vous poser :

- Puis-je définir un profil de personnes qui pourraient choisir le CDD?
- Si oui, de quoi ont-elles besoin ?
- Comment et où font-elles leurs recherches ?
- Quels sont leurs réseaux ?
- Quels sont leurs enjeux ?
- Puis-je envisager de toucher des prescripteurs ?

Les freelances

Les freelances ne sont pas des salariés, mais ce sont des collaborateurs de l'entreprise. Il importe de bien les choisir, mais il n'est pas toujours évident de les trouver, surtout quand vous avez un enjeu de timing. Quelques questions que vous pouvez vous poser :

- Qu'est-ce que nous valorisons le plus dans notre recherche de freelances ? Quels sont nos besoins, nos critères de choix ?
- Où puis-je entrer en contact avec eux ? Quelles plateformes privilégier ?
- De quoi ont-ils besoin ? Quels sont leurs critères de choix ?
- Quelles écoles / organismes fréquentent-ils ? (stagiaires...)
- Quels sont leurs enjeux ?
- Qui sont nos concurrents ?

Les profils rares, hautement qualifiés

Pour ces profils difficiles à recruter et souvent très courtisés, posez-vous également les questions suivantes :

- Quel est leur profil socio-démographique ?
- Où se trouvent-ils ?
- De quoi ont-ils besoin ?
- Quels sont leurs enjeux ? Leurs leviers de motivation ?
- Quels sont leurs réseaux ?
- Quelles écoles/organismes fréquentent-ils ?
- Qui sont mes concurrents et quelles actions mettent-ils en place ?
- Puis-je trouver une alternative à ces profils rares ?

Retrouvons La Vache Pourpre et son équipe dans la construction de leur Canvas d'Acquisition candidat

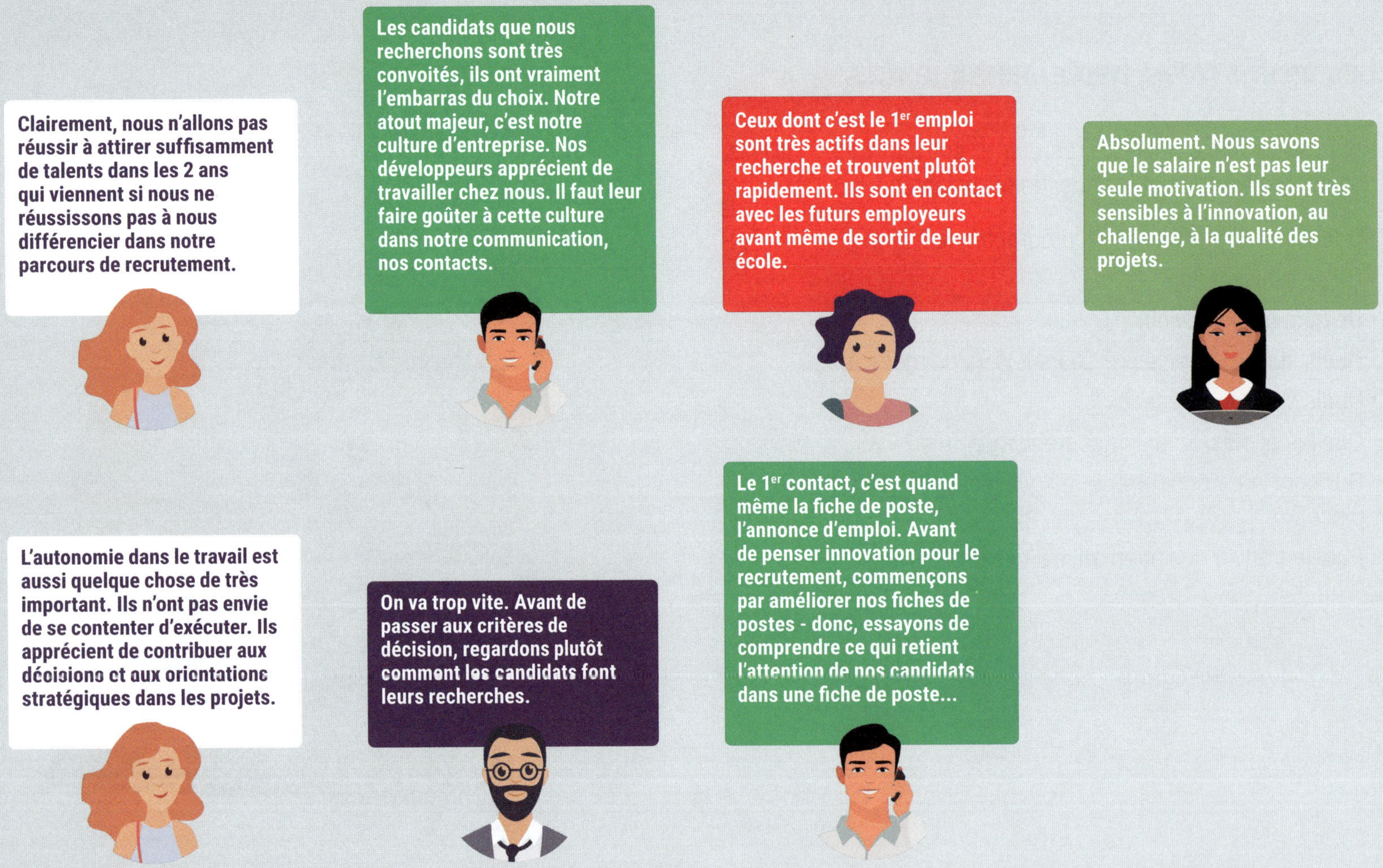

Melanie, CEO
Barbara, DRH
Amir, responsable recrutement
Arthur, responsable de communication
Lee, responsable marketing

LA VACHE POURPRE

Qui est le candidat ? Qu'est-ce qui déclenche le début de sa recherche d'emploi ?

- Jeunes diplômés bac + 5
- Ingénieurs 35-40 ans 10 ans d'expérience / management
- 1er emploi / fort enjeux
- Alternants
- Jeunes diplômés écoles d'ingé

Comment se fait la recherche au démarrage ?

- Jobboards
- Sites Carrières
- Description de poste
- Réseaux sociaux
- Réseaux familial ou amical
- Alumni
- LinkedIn
- Réseau pro
- Webinars
- Blog
- Chasseur de têtes
- Salons

Comment le candidat approfondit-il sa démarche une fois qu'il a resserré le périmètre de sa recherche ?

- Contact avec ambassadeurs
- FB live
- Concurrents internationaux
- Concurrence forte
- Super retours des collaborateurs sur Glassdoor

Sur quels critères le candidat décide-t-il de rejoindre une entreprise ?

- Proximité géographique
- Carrière
- Fit avec l'équipe
- Innovation
- Politique RSE
- Autonomie
- Qualité des entretiens

PRISE DE CONNAISSANCE DU MARCHÉ

CANDIDATURE ET CHOIX DE L'EMPLOYEUR

Mots-clés génériques

- Classement entreprises développement logiciels…
- Job électronique + lieu
- Emploi développeur logiciel + lieu
- Entreprise développement logiciel + lieu
- Emploi développeur logiciel alternance

Qui est impliqué dans la recherche d'emploi ? Quels sont les enjeux de la recherche d'emploi ?

- Cercle amical et familial
- Engagements RSE
- Indépendance économique
- Enjeu géographique
- Conjoint (e)
- Opportunités de carrière

Comment le candidat prépare-t-il sa candidature ?

- Infos sur le site Carrières
- Échanges avec l'entreprise
- Attentes de l'entreprise
- Témoignages candidats
- Présentation processus de candidature

Mots-clés spécifiques

- Opportunités carrière développeur logiciel
- Salaire développeur logiciel
- Emploi développeur logiciel + nom de l'entreprise

Quelle est la temporalité du processus de candidater ?

- Quelques mois pour jeunes diplômés ou alternants…
- … comment raccourcir le délai ?
- Professionnels chassés : le processus…
- … peut être plus rapide, dépend du contexte

Quelle est la temporalité du processus de rejoindre l'entreprise ?

- Phase plus rapide, généralement quelques…
- … semaines : comment raccourcir le délai ?

Le parcours candidat

Parcours candidat vs Parcours collaborateur

Avant d'approfondir le parcours candidat dans les prochaines pages, précisons quelques points

Le parcours candidat en profondeur

Le parcours candidat concerne toute la relation candidat/entreprise, incluant toutes les interactions, de la première information de découverte jusqu'à la prise de contact et l'intégration.

Cette section aborde donc **le parcours candidat de manière exhaustive.** Les étapes sont approfondies en détail afin de vous donner une méthodologie fiable et adaptable, quel que soit votre profil recruteur.

Le parcours **candidat** se concentre sur les étapes :

- avant la signature du contrat de travail.
- jusqu'à 1 semaine après la signature du contrat de travail, car il prend en compte la phase d'intégration du candidat à sa nouvelle entreprise, étape pendant laquelle le pourcentage de départ peut s'avérer élevé.

Le parcours **candidat** présenté ici s'applique **aux candidats extérieurs à l'entreprise** - les processus de candidature interne étant, logiquement, différents des processus externes.

Le parcours collaborateur

Nous verrons comment aller au-delà du parcours candidat plus loin dans le livre, avec le travail sur le parcours **collaborateur.**

Le parcours candidat et le parcours collaborateur sont liés à bien des égards :

- Une partie des candidats sont appelés à devenir des collaborateurs. Leurs interactions avec votre entreprise commencent dès le début de leur recherche d'emploi et de leur parcours candidat. Elles ont de l'importance dans la relation du collaborateur avec son entreprise, après la signature du contrat.
- Les collaborateurs ont un rôle à jouer dans le parcours candidat : ils sont la voix de l'entreprise vers le marché des candidats. Leurs témoignages contribuent à attirer les candidats et les candidatures. Dans certains cas ils sont le premier niveau de contact d'un candidat avec l'entreprise. Les collaborateurs les plus engagés jouent un rôle d'ambassadeurs de leur entreprise.

Comment est construit le parcours candidat ?

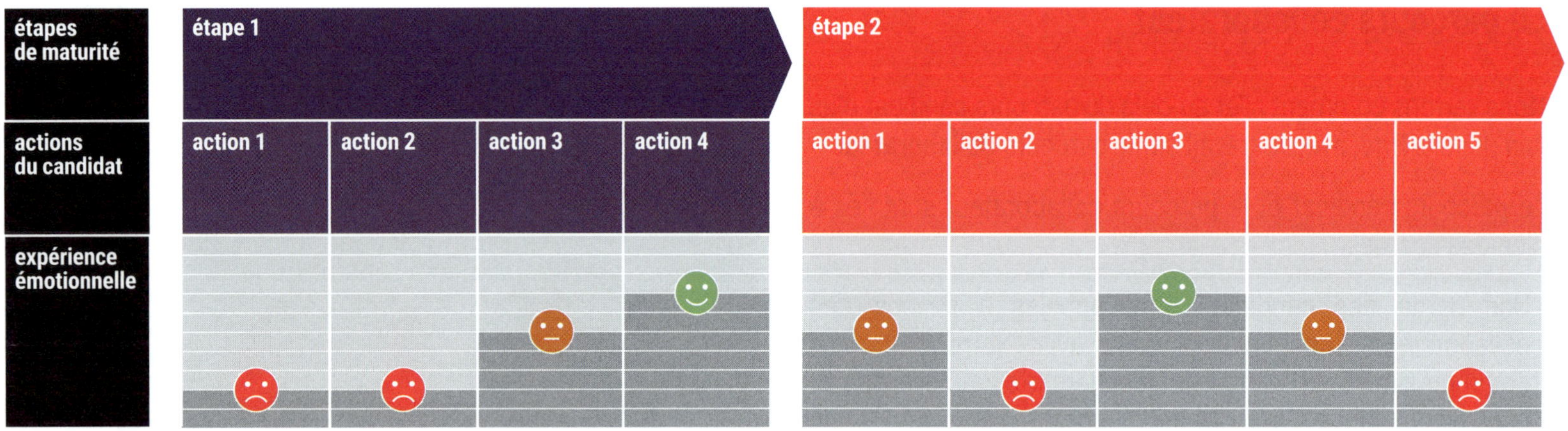

Le parcours candidat se lit sur 3 niveaux :

- les étapes de maturité
- les actions du candidat
- son expérience émotionnelle tout au long du parcours

Nous avons représenté les étapes de maturité par des flèches. Cela ne veut pas dire pour autant qu'elles s'enchaînent systématiquement pour tous les candidats.

Dans la réalité, certaines étapes ou actions peuvent être alternatives, interchangeables ou facultatives.

Il est néanmoins important de les répertorier pour avoir une vision complète du parcours candidat.

Niveau 1 Les étapes de maturité du candidat

Comme tous les parcours importants de la vie, le parcours candidat est marqué par différentes étapes. Chaque étape reflète différents degrés de maturité du candidat, qui marquent sa progression dans sa recherche d'emploi.

À chaque étape, le candidat fait des actions différentes, adaptées à son degré de maturité et à son besoin à cette étape.

Les étapes sont communes à tous les candidats. Les actions en revanche sont propres à chaque candidat ou à chaque type de candidat : elles peuvent donc varier.

Pour identifier les étapes de maturité du candidat, nous vous proposons cette méthode de formulation :

Jusqu'à	Verbe	Complément

PAR EXEMPLE

Jusqu'à	Verbe	Complément
	identifier	l'entreprise où candidater
	envoyer	une candidature
	réceptionner	une offre d'emploi

Niveau 2

Les actions du candidat

Les activités du candidat sont les actions qu'il entreprend dans son parcours candidat, à chaque étape de maturité. Elles marquent sa progression dans le parcours.

Ceux qui	Verbe	Complément

Que fait-il ?

Dans les actions, on regroupe tout ce que le candidat effectue pour répondre à son besoin. Ces actions peuvent également impliquer d'autres personnes, s'il décide de demander des informations à quelqu'un ou de partager sa recherche avec son entourage.

Où va-t-il ?

Le candidat se rend dans plusieurs endroits, physiques ou digitaux.

Lieux digitaux : ce sont les sites carrières, les jobboards, les webinars, les blogs, les applications, les réseaux sociaux, etc.

Lieux physiques : il peut assister à une conférence, s'inscrire à un salon de l'emploi, à un forum, à un speed dating, etc.

PAR EXEMPLE

Ceux qui	Verbe	Complément
	recherchent	des informations sur le marché de l'emploi
	veulent entrer en contact	avec un collaborateur de l'entreprise
	veulent en savoir plus	sur les engagements environnementaux de l'entreprise

Niveau 3 L'expérience émotionnelle du candidat

Vous avez peut-être déjà ressenti du découragement face à un volume d'informations disponible sur le marché du travail qui vous submerge et rend le processus de recherche ciblée difficile ?

Ou bien vous avez peut-être ressenti du bonheur, mêlé à de l'appréhension, en recevant une invitation pour un entretien d'embauche ?

Ou encore peut-être avez-vous ressenti de la colère et une vraie frustration lorsque l'entreprise à qui vous avez envoyé votre candidature ne vous a pas répondu, pas même par un accusé de réception ?

La recherche d'un emploi est particulièrement chargée d'enjeux. Les émotions jouent naturellement un rôle majeur dans le parcours du candidat et dans ses prises de décision.

Il est donc utile de vous pencher sur les émotions de vos candidats et de les reconnaître dans leur parcours candidat, pour l'optimiser.

Avant toute chose, qu'est-ce qu'une émotion ?

Dans les actions, on regroupe tout ce que le candidat effectue pour répondre à son besoin. Ces actions peuvent également impliquer d'autres personnes, s'il décide de demander des informations à quelqu'un ou de partager sa recherche avec son entourage.

Le psychologue américain Paul Ekman, pionnier dans l'étude des émotions, dénombre 6 émotions fondamentales

La joie est liée à la résolution d'un problème ou à l'accomplissement de quelque chose d'important. C'est un état de satisfaction et de bien-être qui se reflète par la bonne humeur. Elle donne de l'énergie, booste notre motivation et notre créativité.

Générer une atmosphère de confiance et de bien-être lors d'un entretien d'embauche favorisera la créativité et l'énergie du candidat.

La colère est liée à une réaction de protection en réponse à une frustration, à la rencontre d'un obstacle, à un sentiment d'injustice, voire à l'atteinte de son intégrité physique ou psychologique.

Être présent tout au long du parcours candidat, même lorsqu'on lui annonce qu'il n'est pas pris pour le poste, lui laissera une image positive de l'entreprise.

La peur est liée à une anticipation. La peur peut être utile, car elle nous prévient d'un danger et nous donne les ressources nécessaires pour le fuir.

Lors d'une mise en situation, créer une situation difficile permet de mesurer les réactions du candidat quand il est sous stress.

La tristesse est liée à une perte, un sentiment d'impuissance ou à une déception. Elle diminue notre motivation et notre énergie.

Apporter de la valeur ajoutée au candidat pendant son parcours de recrutement donnera du sens à ce parcours, même s'il n'est pas embauché à la fin.

La surprise est liée à quelque chose de soudain, d'inattendu. Elle est généralement de courte durée.

La surprise peut être positive ou négative pour le candidat. Générer de la surprise au cours du parcours de recrutement peut contribuer à véhiculer les valeurs de l'entreprise (modernité, innovation, mouvement…)

Le dégoût est lié à un rejet de quelque chose ou de quelqu'un perçu comme nuisible.

Cette émotion n'a pas sa place dans le parcours candidat (ni dans le parcours professionnel au sens large), sauf cas exceptionnels !

Le parcours candidat type

étapes de maturité	**Jusqu'à identifier les entreprises où candidater**					**Jusqu'à envoyer sa candidature**		
actions du candidat	**Recherche des informations générales (secteur, marché, région)**	**Entre une 1re fois en contact avec l'entreprise**	**Est chassé**	**Fait partie du vivier de talents**	**Décide de candidater**	**Prépare ses éléments de candidature**	**Envoie sa candidature**	**Participe à une candidature « en temps réel » (speed dating, gaming, assessment....)**
	Compléter avec les infos du Canvas	Compléter avec les infos du Canvas	Compléter avec les infos du Canvas	Compléter avec les infos du Canvas	Compléter avec les infos du Canvas	Compléter avec les infos du Canvas	Compléter avec les infos du Canvas	Compléter avec les infos du Canvas

expérience émotionnelle

Contrairement au parcours d'achat, qui prend des allures très différentes selon le secteur et l'activité de l'entreprise concernée, **le parcours candidat suit des étapes relativement similaires dans la majorité des cas. Nous vous proposons de travailler à partir de ce parcours candidat type,** que vous pouvez bien entendu challenger, enrichir et modifier à l'aune de vos enjeux, de votre contexte et du profil plus ou moins spécifique de vos personas.

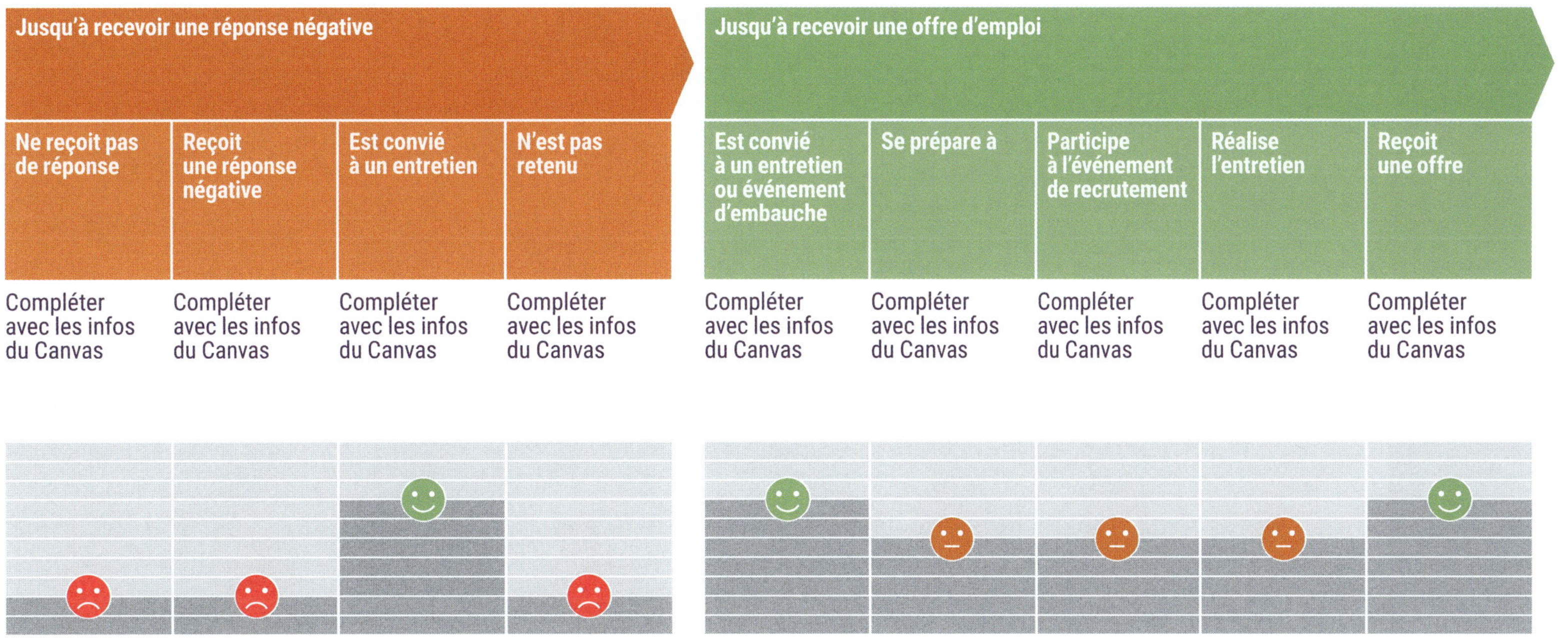
Jusqu'à recevoir une réponse négative
Ne reçoit pas de réponse
Reçoit une réponse négative
Est convié à un entretien
N'est pas retenu
Compléter avec les infos du Canvas
Compléter avec les infos du Canvas
Compléter avec les infos du Canvas
Compléter avec les infos du Canvas
Jusqu'à recevoir une offre d'emploi
Est convié à un entretien ou événement d'embauche
Se prépare à
Participe à l'événement de recrutement
Réalise l'entretien
Reçoit une offre
Compléter avec les infos du Canvas
Compléter avec les infos du Canvas
Compléter avec les infos du Canvas
Compléter avec les infos du Canvas
Compléter avec les infos du Canvas

Le parcours candidat type

étapes de maturité	**Jusqu'à signer le contrat de travail**				**Jusqu'à intégrer son nouveau poste**		
actions du candidat	**Finalisation du contrat**	**Réfléchit et prend la décision**	**Signe le contrat de travail**	**démissionne de son emploi actuel**	**Vit une période de transition avant d'intégrer son nouvel emploi**	**Arrive le jour J**	**Vit la 1re semaine dans son nouvel emploi**
	Compléter avec les infos du Canvas	Compléter avec les infos du Canvas	Compléter avec les infos du Canvas	Compléter avec les infos du Canvas	Compléter avec les infos du Canvas	Compléter avec les infos du Canvas	Compléter avec les infos du Canvas

expérience émotionnelle

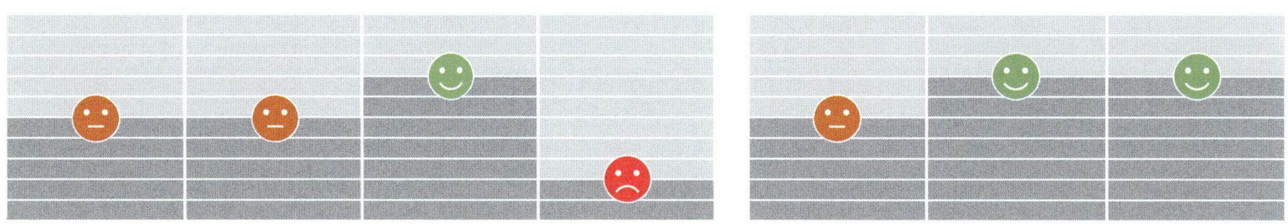

La Vache Pourpre et son équipe analysent en détail leur parcours candidat

étapes de maturité	Jusqu'à identifier les entreprises où candidater					Jusqu'à envoyer sa candidature		
actions du candidat	**Recherche des informations générales (secteur, marché, région)**	**Entre une 1re fois en contact avec l'entreprise**	**Est chassé**	**Fait partie du vivier de talents**	**Décide de candidater**	**Prépare ses éléments de candidature**	**Envoie sa candidature**	**Participe à un assessment center**
	• Fait des recherches via ses différents réseaux, ou sur le Web (avec les mots-clés génériques), ou dans les salons et forums ou auprès de son école	• Sur un salon, forum, FB live, chat online, contact avec un ambassadeur de l'entreprise…	• Reçoit demande de contact, accepte 1er entretien, creuse la proposition	• Reçoit une proposition qui retient son attention	• Identifie les entreprises qui l'intéressent, cherche plus d'informations, notamment auprès des salariés eux-mêmes • Les mots-clés spécifiques concernent cette phase	• Chercher des informations qui l'aident à préparer les bons éléments et à optimiser son CV, sa lettre de motivation	• Envoi via formulaire en ligne • L'expérience est simple, fluide, mais manque de convivialité (formulaire long et outil assez rigide)	• Dure une journée, le candidat s'amuse, apprend sur lui-même et l'entreprise, et donne le meilleur de lui-même

expérience émotionnelle

La Vache Pourpre et son équipe analysent en détail leur parcours candidat

étapes de maturité	**Jusqu'à recevoir une réponse négative**			**Jusqu'à recevoir une offre d'emploi**				
actions du candidat	**Reçoit une réponse négative**	**Est convié à un entretien**	**N'est pas retenu**	**Est convié à un entretien ou événement d'embauche**	**Se prépare à**	**Participe à l'événement de recrutement**	**Réalise l'entretien**	**Reçoit une offre**
	• Via mail, réponse standard • Pas de rappel par l'équipe RH	• Trouve les infos pour préparer l'entretien sur notre site web	• Appel téléphonique par les RH • Dans certains cas, on lui propose de rejoindre notre « vivier » de talents en ligne	• Appel téléphonique des RH	• Prépare avec les informations disponibles sur le site web	• 1 J, très apprécié, ludique et intéressant	• Plusieurs entretiens, dont un avec toute sa future équipe. Processus très clair	• Appel de la DRH, premières informations

expérience émotionnelle

Jusqu'à signer le contrat de travail				Jusqu'à intégrer son nouveau poste		
Finalisation du contrat	**Réfléchit et prend la décision**	**Signe le contrat de travail**	**Démissionne de son emploi actuel**	**Vit une période de transition avant d'intégrer son nouvel emploi**	**Arrive le jour J**	**Vit la 1re semaine dans son nouvel emploi**
• Échanges avec DRH	• Échange avec conjoint(e) et avec réseau familial / amical.	• Signature électronique, simple et rapide		• Reçoit des informations régulières • Participe à 1 réunion à distance • Reçoit son nouveau numéro de téléphone	• Entretien avec DRH • Déjeuner d'accueil avec l'équipe • Kit onboarding • Rencontre avec son manager	• Entretien d'évaluation fin de 1re semaine • Rapport d'étonnement

La matrice de recrutement

Matrice de recrutement vs Parcours candidat

Le parcours candidat reflète ce qui est propre au candidat : les étapes de maturité, les actions.

Dans la matrice de recrutement, on revient du côté de l'entreprise pour réfléchir à ce qui est de son ressort : les actions d'acquisition, l'organisation, les outils à disposition.

Qui fait quoi ?

Selon les actions d'acquisition à réaliser, vous faites intervenir différentes équipes qui doivent travailler main dans la main afin de conserver une vraie cohérence tout au long du parcours de recrutement.

Quels outils ?

En remplissant la matrice de recrutement, vous allez pouvoir faire l'inventaire de vos outils existants, et envisager également de nouveaux outils. La matrice vous aide à élargir vos horizons :)

Quelles actions ?

Les actions menées par le candidat sont autant d'informations sur ce que vous pouvez mettre en place pour répondre à son besoin ou l'amener à s'intéresser à votre entreprise, puis à vous rencontrer.

Assurer la meilleure cohérence possible entre ce que fait le candidat et ce que vous lui proposez optimise grandement vos chances d'attirer et de retenir plus de candidats, plus adaptés à votre entreprise.

La matrice de recrutement est une étape essentielle pour finalement établir un plan de recrutement **structuré et complet.** Avec cette méthode de construction pas à pas, votre plan de recrutement sera personnalisé et adapté à votre entreprise et à vos candidats. Il pourra aussi intégrer ce que vous savez de la concurrence et s'en démarquera.

Comprendre la matrice de recrutement et ses composantes

étapes de maturité	**étape 1**				**étape 2**				
actions du candidat	**action 1**	**action 2**	**action 3**	**action 4**	**action 1**	**action 2**	**action 3**	**action 4**	**action 5**
actions d'acquisition	actions d'acquisition 1		actions d'acquisition 2		actions d'acquisition 1	actions d'acquisition 2	actions d'acquisition 3	actions d'acquisition 4	actions d'acquisition 5
canaux de diffusion	canaux de diffusion 1		canaux de diffusion 2		canaux de diffusion 1	canaux de diffusion 2	canaux de diffusion 3	canaux de diffusion 4	canaux de diffusion 5
indicateurs intermédiaires	indicateurs intermédiaires 1		indicateurs intermédiaires 2		indicateurs inter-médiaires 1	indicateurs inter-médiaires 2	indicateurs inter-médiaires 3	indicateurs inter-médiaires 4	indicateurs inter-médiaires 5
organisation	organisation 1		organisation 2		organisation 1	organisation 2	organisation 3	organisation 4	organisation 5
outils et supports	outils et supports 1		outils et supports 2		outils et supports 1	outils et supports 2	outils et supports 3	outils et supports 4	outils et supports 5

étape 3			étape 4	
action 1	action 2	action 3	action 1	action 2
actions d'acquisition 1	actions d'acquisition 2	actions d'acquisition 3	actions d'acquisition 1	actions d'acquisition 2
canaux de diffusion 1	canaux de diffusion 2	canaux de diffusion 3	canaux de diffusion 1	canaux de diffusion 2
indicateurs inter-médiaires 1	indicateurs inter-médiaires 2	indicateurs inter-médiaires 3	indicateurs inter-médiaires 1	indicateurs inter-médiaires 2
organisation 1	organisation 2	organisation 3	organisation 1	organisation 2
outils et supports 1	outils et supports 2	outils et supports 3	outils et supports 1	outils et supports 2

Dans la matrice de recrutement, 2 niveaux principaux sont ajoutés au parcours candidat :

- les actions d'acquisition
- les canaux de diffusion

Puis 3 niveaux secondaires viennent enrichir la réflexion autour de la mise en place opérationnelle des actions :

- les indicateurs intermédiaires
- l'organisation
- les outils et supports

Les actions d'acquisition : combiner RH et marketing, communication, ventes

La méthodologie proposée ici repose **sur une approche systémique** du parcours candidat et des actions d'acquisition.

Au moment de regarder quelles actions peuvent être mises en place pour augmenter votre visibilité et votre attractivité auprès d'un candidat, il est indispensable **d'impliquer les équipes Marketing, Ventes et Communication** dans l'élaboration du plan d'acquisition. Travailler sur le recrutement nécessite d'enrichir l'expertise RH avec l'ensemble de ces savoir-faire.

C'est le meilleur moyen pour assurer une cohérence et une pertinence tout au long d'un plan de recrutement efficace.

Les actions d'acquisition candidat

Vos contenus peuvent être disponibles sur différents supports…

- Site Carrières
- Social media
- Jobboards et plateformes emploi
- Affichage
- Kakémono
- Stands
- Documents print
- Presse
- Fiche de poste

… et diffusés grâce à des outils de visibilité

- SEO (référencement naturel)
- SEA (campagnes payantes)
- Campagnes social media y compris sur les réseaux « émergents »)
- Campagnes jobboards
- Campagne mailing
- Newsletter
- Programmes ambassadeur
- Jeux
- RP
- Vivier de candidats

Les canaux de diffusion et de contact

C'est une chose de savoir quoi faire, c'en est une autre - tout aussi essentielle - de savoir où le faire ! Il est certain que la multiplicité des canaux de diffusion peut faire tourner la tête à l'ère du digital.

Une classification évidente s'impose : **offline vs online.**

Voici une liste des principaux points de contact candidat - entreprise existants par canaux :

Canaux	Offline	Online
Diffusion	• Presse • Affichage publicitaire • TV / Radio • Courrier	• Site internet , blog • Mail • Réseaux sociaux • Publicité en ligne • Gaming • Application
Contact	• Conférence • Salon, forum • Événement, • Speed Dating, assessment center • Téléphone • Entretien	• Live Chat • Webinar • Conférence ou événements live • Rencontres Questions / réponses • Visio-conférence

Doit-on aborder digital et physique comme des canaux séparés ? Non !

L'approche unicanal est dépassée par des approches impliquant une pluralité de canaux. Le digital a introduit de nouveaux canaux, et fait apparaître de nouvelles approches. On distingue 3 approches mêlant digital et physique : multicanal, cross-canal et omnicanal. Ces 3 approches s'appliquent à l'activité commerciale, elles sont pertinentes aussi lorsqu'on parle de communication RH.

Multicanal

L'approche multicanal implique des points de contact différents, qui agissent indépendamment les uns des autres. Par exemple, votre site web Corporate ne reflète absolument pas ce qu'exprime votre site Carrières.

Cross-canal

L'approche cross-canal consiste à inclure les différents points de contact dans le parcours candidat. Par exemple, vous donnez la possibilité à votre candidat d'envoyer une candidature par courrier, et de vous poser des questions sur la bonne réception de ce courrier via le chat.

Omnicanal

L'omnicanal est l'approche la plus poussée dans la combinaison des différents points de contact. Elle va au-delà de l'utilisation conjointe des différents canaux. Dans cette approche, les canaux fonctionnent en complète synergie les uns avec les autres.

L'objectif de la matrice de recrutement est de vous permettre de développer **l'approche omnicanal,** la plus efficace pour vos candidats.

Les différents contenus et actions qui font progresser votre candidat dans son parcours

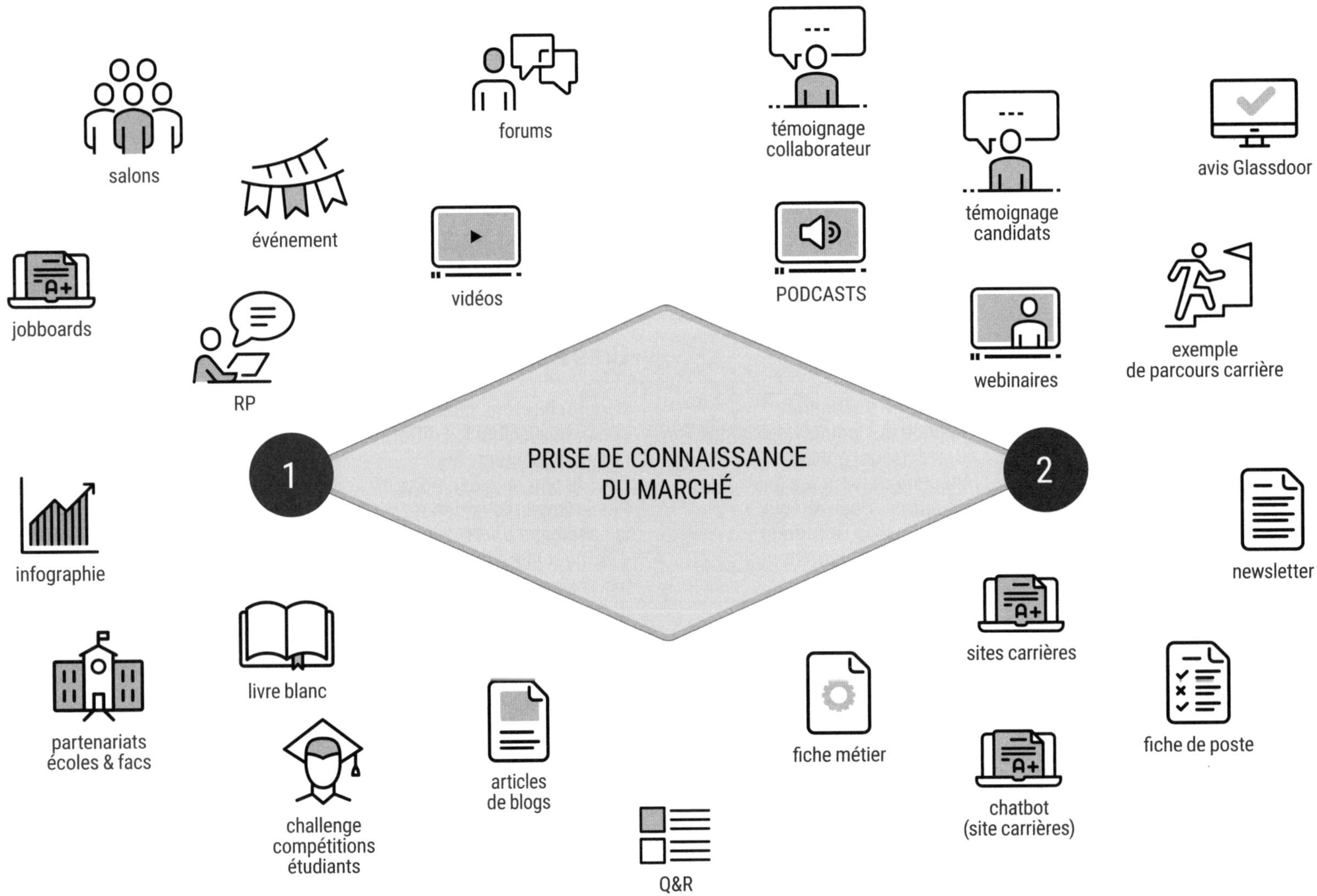

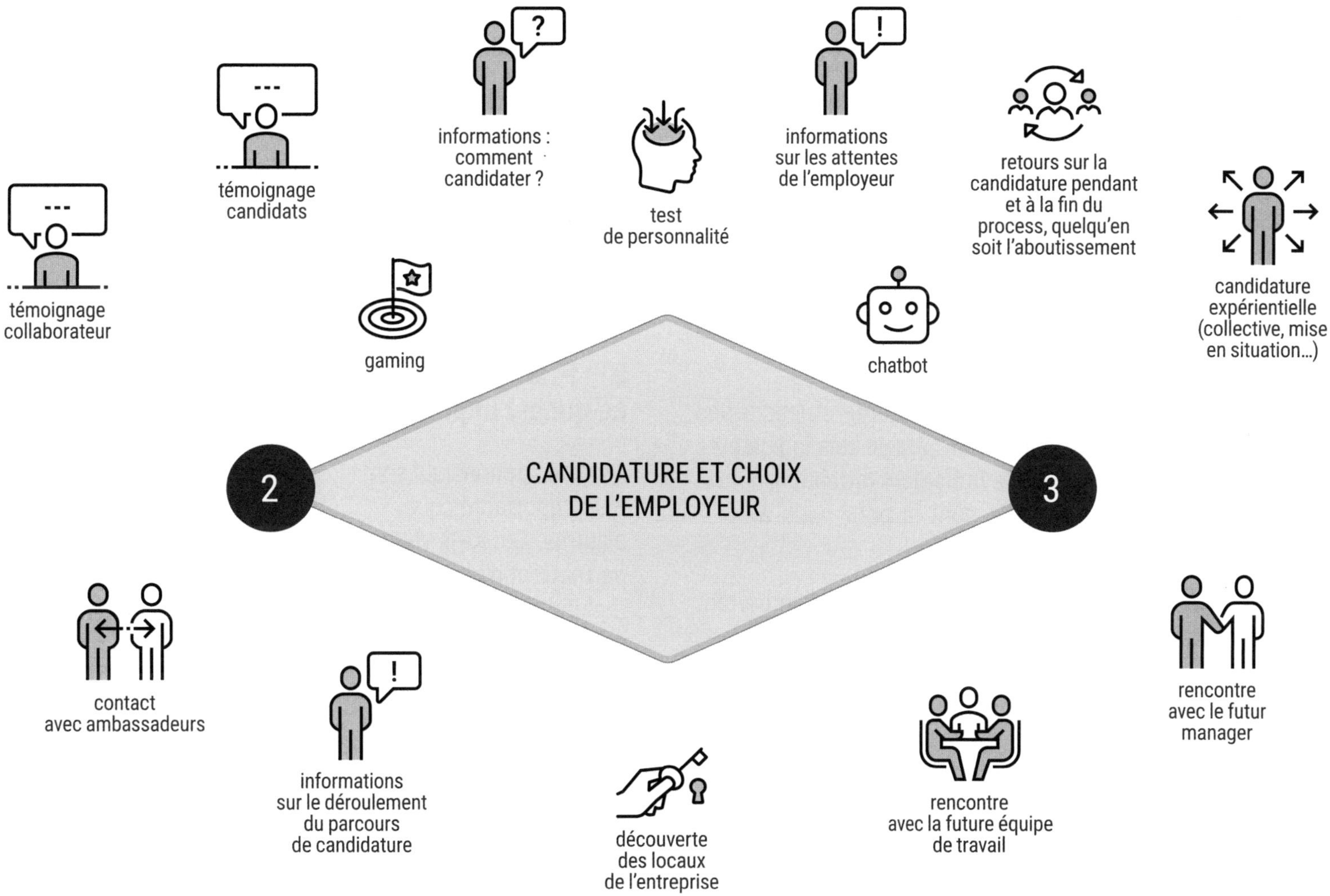
CANDIDATURE ET CHOIX
DE L'EMPLOYEUR
2
3
témoignage
collaborateur
témoignage
candidats
informations :
comment
candidater ?
test
de personnalité
informations
sur les attentes
de l'employeur
retours sur la
candidature pendant
et à la fin du
process, quelqu'en
soit l'aboutissement
candidature
expérientielle
(collective, mise
en situation...)
gaming
chatbot
contact
avec ambassadeurs
informations
sur le déroulement
du parcours
de candidature
découverte
des locaux
de l'entreprise
rencontre
avec la future équipe
de travail
rencontre
avec le futur
manager

Les indicateurs intermédiaires

Qui dit investissement dit… Retour sur investissement ! Le ROI, ce fameux acronyme que tout le monde essaye de faire croître et qui reflète (ou non) l'efficacité de vos actions !

Il est tout aussi pertinent de chercher à mesurer le ROI des actions de recrutement que celui des actions de marketing. Dans le domaine des RH, le calcul du ROI peut cependant s'avérer complexe. Nous n'entrerons pas ici dans le détail d'une méthode de calcul.

En revanche, il est clair que pour pouvoir mesurer l'efficacité des actions de recrutement, il faut d'abord établir des indicateurs de mesure. **Les Key Performance Indicators** (attention, nouvel acronyme en approche) ou KPIs sont là pour nous aider à mesurer l'efficacité de nos actions.

Quand vous élaborez la matrice de recrutement, il est important de concevoir des KPIs pour chacune de vos actions, car :

1 → Mesurer pour évaluer

Attribuer un KPI à une action vous permettra de voir si votre objectif a été atteint ou non.

2 → Prioriser ce qui est important

Il y a des actions qui sont plus importantes que d'autres. Les KPIs vous permettent d'identifier rapidement les étapes où il faut agir.

Vos indicateurs peuvent varier selon les profils recherchés, vos priorités et votre organisation. Cependant vos KPIs intermédiaires doivent toujours avoir pour objectifs de mesurer la progression de votre candidat dans son parcours candidat.

ÉTAPE 1

Je veux qu'il entende parler de mon entreprise

EXEMPLE DE KPIS INTERMÉDIAIRES

- Nombre de nouvelles sessions sur mon site Carrières
- Nombre d'abonnés à ma page LinkedIn
- Nombre de visites sur mon article de blog

ÉTAPE 2

Je veux qu'il s'intéresse à mon entreprise

EXEMPLE DE KPIS INTERMÉDIAIRES

- Mentions, commentaires, actions, sur les réseaux sociaux
- Demande d'information via des formulaires ou via mail
- Taux de participation à mon webinaire

ÉTAPE 3

Je veux qu'il m'envoie sa candidature

EXEMPLE DE KPIS INTERMÉDIAIRES

- Création d'un profil dans l'espace candidat
- Nombre de candidatures reçues par offre d'emploi

NE MULTIPLIEZ PAS LES INDICATEURS

La collecte des informations prend du temps et demande de la rigueur. Elle n'est pas toujours possible à effectuer par les collaborateurs concernés. Une fois remontées, les données doivent aussi pouvoir être exploitées.

L'organisation : aligner les équipes pour casser les silos entre les RH, le marketing, la communication et les ventes

Soyez sûr d'une chose : aligner des équipes de domaines différents peut être compliqué, mais cela paye !

En travaillant et en approfondissant le parcours candidat, vous allez devoir identifier quelle(s) équipe(s) intervien(nen)t à quel moment.

Il se peut que l'ordre d'intervention des équipes ne soit pas toujours le même selon le parcours candidat et votre organisation.

Aligner et impliquer ses équipes RH, marketing, communication et ventes est indispensable, car vous travaillerez ensemble à la poursuite d'un objectif commun.

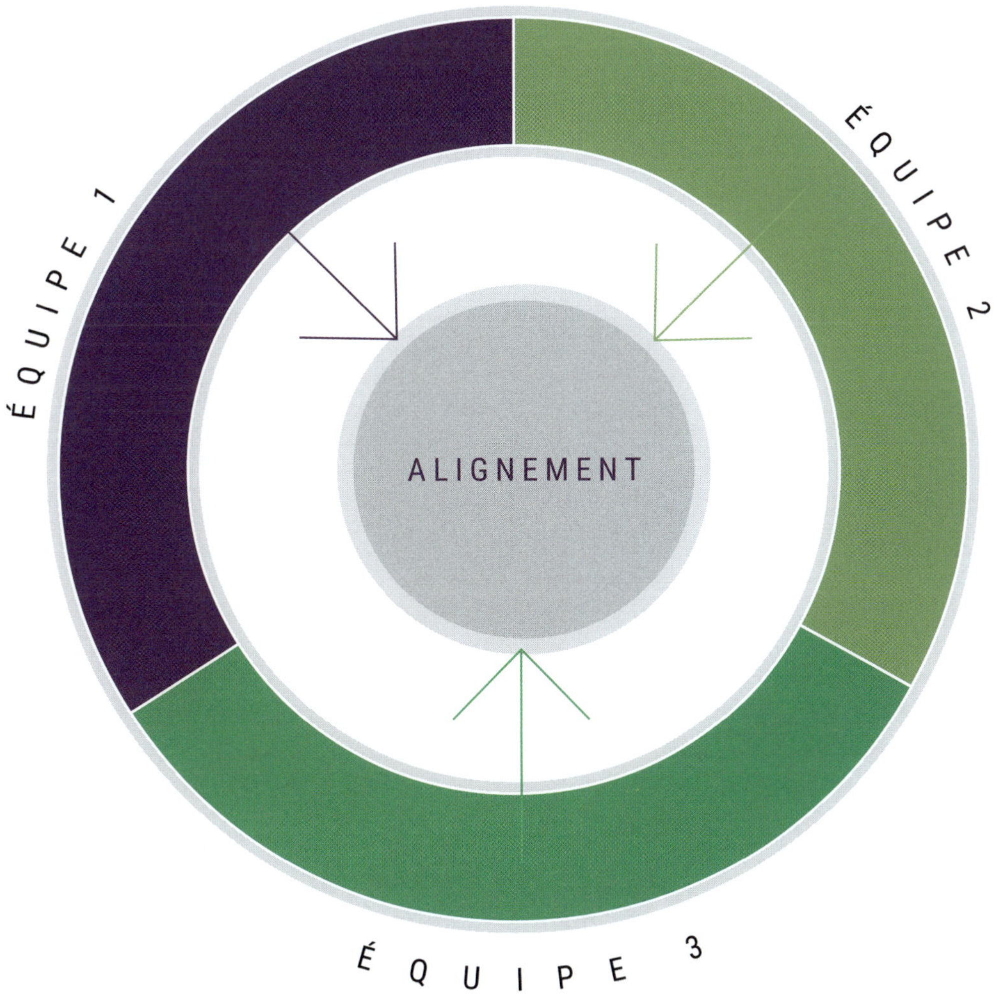

Pour savoir si vos équipes sont bien alignées, nous vous invitons à vous poser ces quelques questions :

- Mes équipes communiquent-elles entre elles ? Si non, pourquoi ?
- Ont-elles déjà travaillé pour un projet commun ? Comment s'est passée la collaboration ?
- Y a-t-il un moment où elles se réunissent ? Que font-elles à ce moment-là ?
- Y a-t-il des freins à leur collaboration ? Lesquels ? Pourquoi ?

Outils et supports : la « RH Tech » en marche !

En élaborant votre matrice de recrutement, vous allez utiliser des outils que vous connaissez déjà. Mais vous allez probablement aussi vous poser la question de la pertinence d'acquérir de nouveaux outils.

Le domaine de la RH Tech foisonne de nouveautés depuis quelques années. On voit apparaître de nombreux outils qui contribuent par exemple à améliorer le recrutement (préselection, évaluation…), l'expérience candidat (ou collaborateur) ou à optimiser les SIRH (système d'information de gestion des ressources humaines). Le marché est entré dans une phase de maturation. Des plateformes intégrées qui centralisent des fonctionnalités disparates voient le jour.

Rien qu'en France, on compte plus de 600 start-ups.

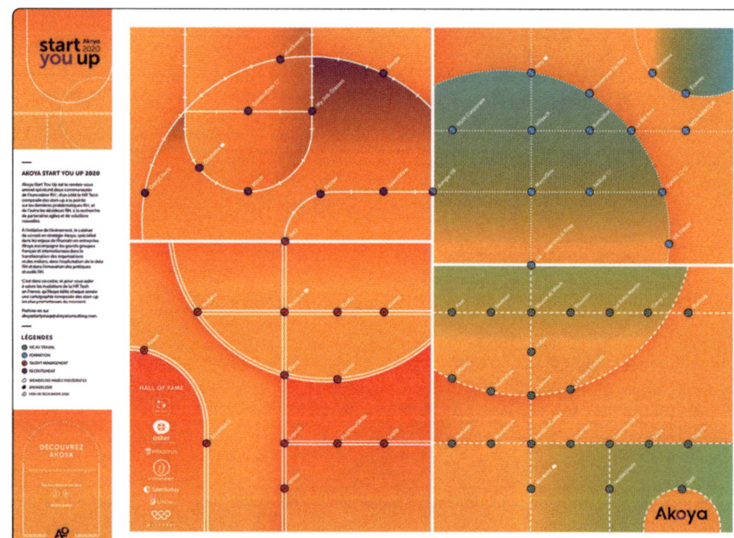

HR TECH FRANÇAISE : retrouvez le classement et la cartographie 2020 proposés par Akoya en scannant le QR Code ci-contre

Les 6 grandes catégories d'outils innovants RH

inspirées de la cartographie de l'innovation RH par Convictions RH et Le Lab RH, nov. 2019

Faciliter la rencontre candidats/recruteurs

- Plateformes de recherche d'emploi/publication & diffusion des annonces
- Définition et présentation du projet professionnel
- Évaluations psychométriques/ simulations/gaming
- Cooptation
- Communication collaborative/automatisée (chatbots, assistants virtuels, FAQ dynamique, espaces communautaires…)
- Outils de sourcing

Réaliser et suivre ses recrutements

- Présélection (matching, parsing…) et suivi des candidatures
- Vérification et/ou certification des déclarations des candidats
- Identification de profils spécifiques/Gestion des candidats (ATS)
- Évaluations psychométriques/ simulations/gaming
- Entretien vidéo différé
- Recrutement événementiel
- Outils de mesure (qualité des recrutements, satisfaction…)

Outils et supports : la « RH Tech » en marche !

Les 6 grandes catégories d'outils innovants RH (suite)

Améliorer la qualité de vie au travail

- Bien-être physique et psychique
- Ambiance et espaces de travail
- Culture et modes de fonctionnement
- Motivation et engagement
- Espace personnel (coffre-fort électronique, échanges avec la DRH...)
- Carte titres resto/titres cadeaux
- Mesure de l'humeur en interne

Accompagner la mobilité des salariés

- Mobilité interne et externe
- Prêt de compétence

Contribuer au développement des salariés

- Cartographie des compétences
- Évaluation des compétences
- Construction de parcours de carrière
- Outils de formation (référentiels, auto-assistance...)
- Création et diffusion de formations
- Learning by doing
- Volet administratif de la formation et évaluation

Assurer le suivi des salariés

- Onboarding
- Admin/paie/juridique
- Productivité et automatisation
- Comp&Ben
- Points de suivi/engagement des collaborateurs
- Évaluation de la performance
- Outboarding

Aux outils RH s'ajoutent les outils marketing

Notez que si l'utilisation d'outils RH est bien évidemment indispensable, vous allez aussi travailler pour votre communication RH avec **des outils de marketing et de communication.** C'est ce type d'outils que vous allez essentiellement mettre en action pour attirer les candidats, capter leur attention, les inciter à candidater chez vous. C'est une des raisons pour lesquelles la collaboration avec les équipes de vente, de communication, et de marketing est intéressante.

Voici 4 grandes catégories **d'outils MarTech** que vous pouvez intégrer dans votre réflexion :

Publicité et promotion

- Mobile marketing
- Publicité Search & media Sociaux (bannières ciblées recrutement...)
- Relations publiques
- Marketing automation
- Sponsoring
- Événementiel

Contenu et expérience

- Marketing de contenu/ inbound
- Email Marketing
- Video Marketing

Réseaux et relationnels

- Influenceurs
- Community Management
- ABM (Account Based Marketing)
- Programmes ambassadeurs
- Cooptation
- Animation d'un vivier de talents

Analytics & automation

- Marketing performance
- Retargeting
- A/B testing
- Social analytics
- Data collectées via les plateformes de diffusion d'annonces

Tester, enrichir et faire évoluer la compréhension du parcours candidat

Le Canvas d'Acquisition candidat est un outil pratique et très facile à mettre en place

Son format ludique permet d'aborder et d'amorcer rapidement le parcours de vos candidats.

Différentes études et sources d'information peuvent compléter ce premier jet.

Par exemple, les recherches qualitatives et quantitatives sont un bon moyen d'enrichir le Canvas d'Acquisition Candidat. Les études de marché et les études de la concurrence pourront également vous apporter de l'information sur ce que vivent et attendent les candidats. Les remontées terrain des managers et des équipes, les retours de vos propres candidats sont indispensables pour affiner en permanence votre compréhension du parcours candidat.

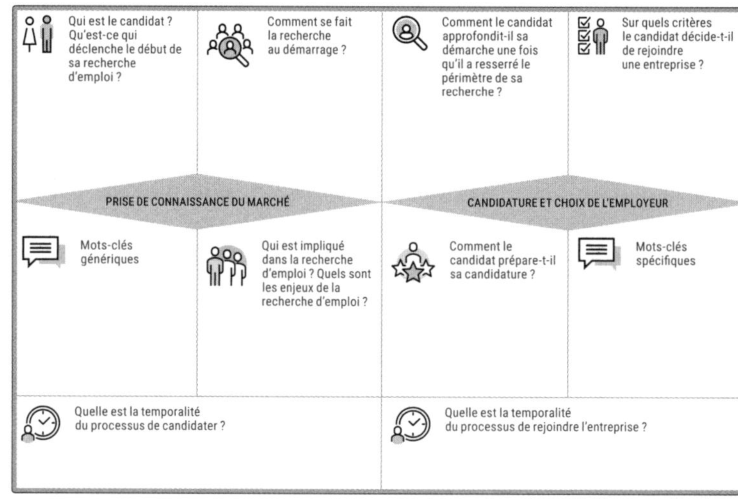

Gardez à l'esprit que la matrice de recrutement n'est jamais figée.

Elle évolue avec l'apparition de nouveaux outils et canaux. Les changements sociétaux influencent également les attentes et les comportements des candidats. Il est donc essentiel de se donner des points de réévaluation réguliers.

Finalement,
ce qui a marché hier
ne marchera peut-être pas
demain. Il est donc important
de garder **une approche itérative** et d'être ouvert
aux changements et attentif
à l'arrivée de nouveaux
modèles. Votre parcours
candidat peut évoluer,
votre matrice
de recrutement aussi…

Retrouvons La Vache Pourpre et son équipe dans la construction de leur matrice de recrutement

étapes de maturité	**Jusqu'à identifier les entreprises où candidater**					**Jusqu'à envoyer sa candidature**		
actions du candidat	**Recherche des informations générales (secteur, marché, région)**	**Entre une 1re fois en contact avec l'entreprise**	**Décide de candidater**	**fait partie du vivier de talents**	**Est chassé**	**Prépare ses éléments de candidature**	**Envoie sa candidature**	**Participe à un assessment center**
actions d'acquisition	• Informations sur l'entreprise, sa marque employeur			• Animation vivier de talents	• Chasseur de têtes	• Informations sur le processus de candidature, les attentes de l'entreprise		
canaux de diffusion	• Site carrière, réseaux sociaux (LinkedIn), blog • Salons, salons étudiants, salons alternance • Écoles et Facs/Jobboards					• Site Carrières, réseaux sociaux, blog • Salons		
indicateurs intermédiaires	• Nombre de pages vues • Taux de rebond • Nombre de clics sur les réseaux sociaux					• Nombre de pages vues • Taux de rebond		
organisation	• RH + Communication + services concernés par recherche de candidats					• RH + Communication + Service concerné par la recherche de candidats		
outils et supports	• Wordpress (site) • Google analytics, LinkedIn analytics • Plateformes de diffusion annonces					• Wordpress (site) • Google analytics, LinkedIn analytics		

Jusqu'à recevoir une réponse négative	Jusqu'à recevoir une offre d'emploi
Reçoit une réponse négative / **Est convié à un entretien** / **N'est pas retenu**	**Est convié à un entretien ou événement d'embauche** / **Se prépare à** / **Participe à assessment center** / **Réalise l'entretien** / **Reçoit une offre**
• Sélection rapide des candidatures • Rédiger une réponse personnalisée • Envoyer une réponse systématiquement • Proposer à certains candidats non retenus d'intégrer un pool de talents, ou de rester en contact (mailings…) • Réponse positive : donner les sources d'information pour préparer l'entretien…	• Sélection rapide des candidatures • Donner les sources d'information pour préparer l'entretien. • Information détaillée sur processus de recrutement étape par étape • Feedback tout au long du parcours • Co-construction de l'offre avec le candidat
• Mailing, téléphone, courrier postal	• Site web - Canaux de contact de LVP
• Temps de sélection et de réponse • Taux de réponse envoyée • Nombre de vues pages web *Préparer son entretien*	• Fluidité du parcours • Qualité des entretiens • Taux d'acceptation de l'offre • Temps de recrutement
• RH + Communication	• RH + Communication + Service concerné par la recherche de candidature (managers)
• Wordpress (site) • Google analytics • Outil mailing • Outil de sélection des candidatures	• Design du parcours de recrutement • Test de personnalité • Outils de mesure

Retrouvons La Vache Pourpre et son équipe dans la construction de leur matrice de recrutement

étapes de maturité	**Jusqu'à signer le contrat de travail**	**Jusqu'à intégrer son nouveau poste**
actions du candidat	**Finalisation du contrat** **Réfléchit et prend la décision** **Signe le contrat de travail** **démissionne de son emploi actuel**	**Vit une période de transition avant d'intégrer son nouvel emploi** **Arrive le jour J** **Vit la 1re semaine dans son nouvel emploi**
actions d'acquisition	• Processus d'échanges avec le candidat pour répondre à ses questions • FAQ complète et accessible • Possibilité d'entretien avec collaborateurs • Témoignages collaborateurs sur freins éventuels • Signature simple, sans déplacement	• Rester en contact avec le candidat avant le Jour J : participation à une réunion, envoi de la documentation, préparation de ses outils de travail, etc. Vidéo de prise de connaissance de l'entreprise, etc. • Processus d'accueil et d'intégration le Jour J • Processus d'intégration semaine 1 (entretiens manager, feedback…)
canaux de diffusion	• Mailing • Infos sur site web	• Mail essentiellement
indicateurs intermédiaires	• Temps du processus • Taux de signature du contrat • Nombre de vues des pages FAQ/Taux de contact avec collaborateurs ambassadeurs	• Taux de présence le jour J • Taux de présence fin semaine 1 • Qualité de l'intégration • Nbre de vues vidéos / taux d'ouverture des mails
organisation	• RH + Communication + équipes concernées	• RH + Communication + Service concerné par la recherche de candidature
outils et supports	• Wordpress (site) • Google analytics • Outil mailing • Outil de signature du contrat / gestion contrat	• Outil onboarding • Outil préparation administratif RH

Le plan de recrutement

Dernière étape : faire le diagnostic de sa matrice de recrutement…

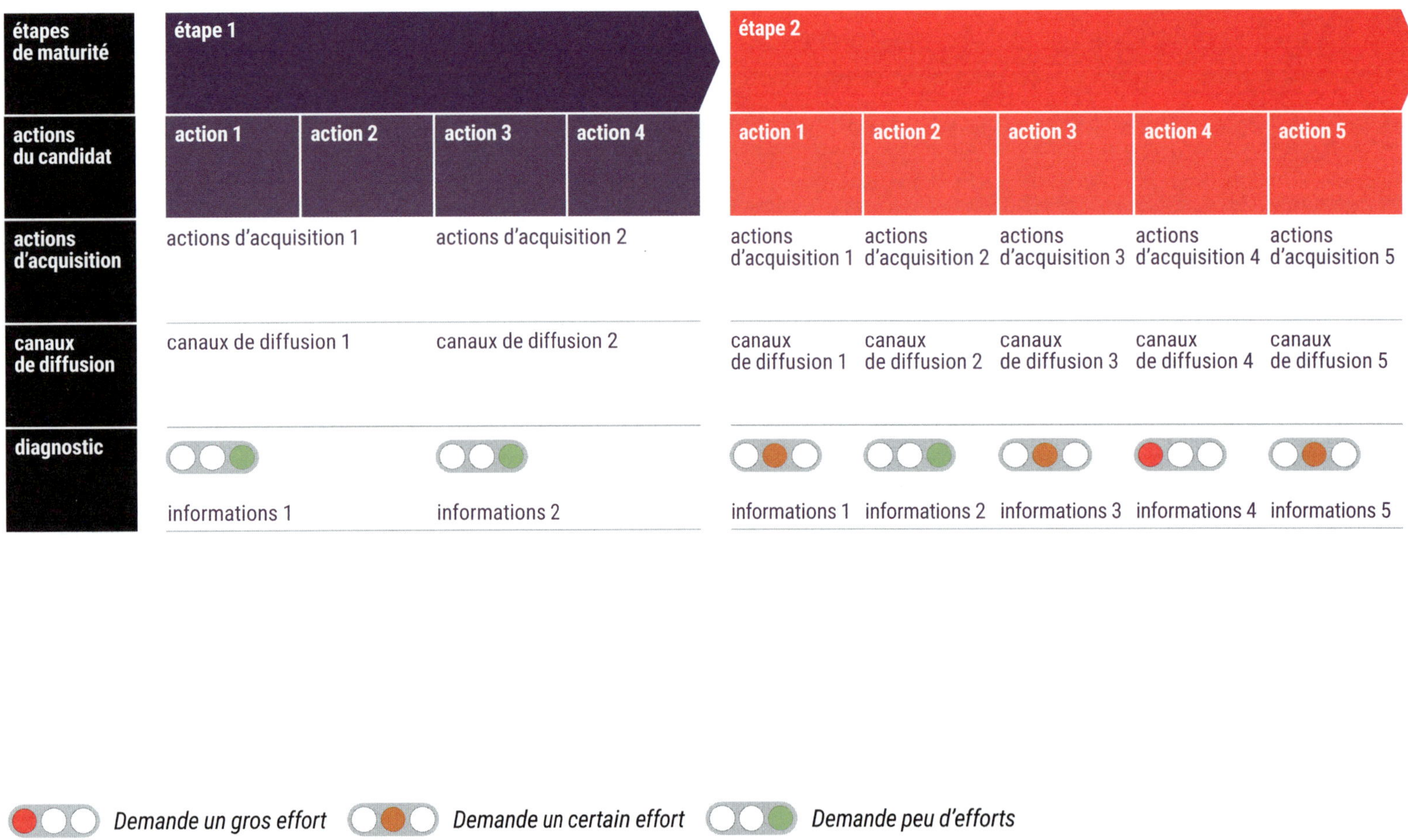

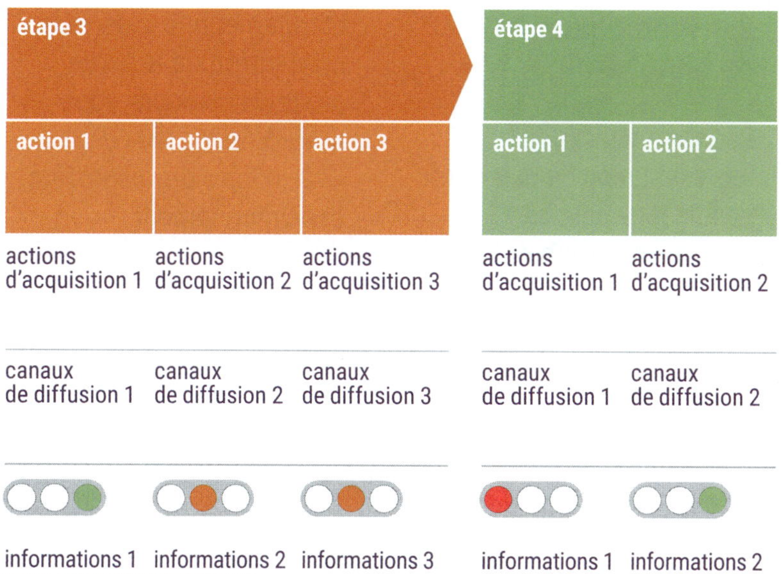

Dans cette étape,
nous allons identifier
les points de blocage,
les points problématiques,
et ainsi prioriser les actions
pour se concentrer
sur les endroits du parcours
qui ne sont pas
encore fluides.

L'objectif est de faire
en sorte que tous les
feux passent au vert :)

... et prioriser ses actions pour construire son plan de recrutement

Vous avez diagnostiqué votre matrice de recrutement. C'est le moment de prendre du recul et de déterminer les actions à prioriser pour construire votre plan de recrutement proprement dit.

Pour prioriser vos investissements, nous vous recommandons de prendre en compte 3 dimensions :

1 → Diagnostic

Posez-vous ces questions :

- Avez-vous déjà des actions en place qui permettent de faire progresser le candidat à cette étape ?
- Sont-elles efficaces ?

Priorisez les actions d'acquisition sur les étapes où vous n'êtes pas bons.

2 → Plutôt gaucher ou plutôt droitier ?

Rappelez-vous la représentation du parcours candidat : à gauche nous avons le début du parcours, à droite la fin c'est-à-dire la signature du contrat de travail et l'intégration du candidat.

Plus on se rapproche de la droite, plus les actions à entreprendre sont liées à l'étape finale : le recrutement. Si vous vous concentrez sur la partie droite du parcours, vous améliorez vos taux de « rétention » des candidats et de recrutement.
Sur la partie gauche, vous améliorez plutôt votre visibilité et votre réputation employeur.

3 → No pain, no gain

Enfin le rapport gain/effort doit vous guider dans votre priorisation. Certaines actions demanderont un effort important et auront un impact minime, d'autres nécessiteront peu d'effort et vous rapporteront gros... À vous de décider si le rapport gain/effort en vaut la peine !

En vous aidant de ces 3 dimensions, vous priorisez vos actions de manière stratégique et les restituez sous forme d'un plan de recrutement complet :

Actions d'acquisition	Objectifs	Indicateurs intermédiaires	Organisation	Deadline	Étapes de maturité	Diagnostic

Même si toutes les actions possibles identifiées au moment du diagnostic ne se retrouvent pas dans le plan de recrutement, gardez-les en mémoire, pour un 2e temps. Elles sont des pistes d'optimisation possibles.

Votre plan de recrutement doit vous permettre de mettre en place un chemin fluide de bout en bout pour vos candidats.

Pour prioriser vos actions

Vous pouvez utiliser cette adaptation de la méthode ICE en mettant une note de 1 à 10 sur ces 3 critères :

- Impact sur votre recrutement
- Confiance dans la réussite de l'action
- Facilité de mise en œuvre de l'action

Vous pourrez alors sélectionner les actions qui ont obtenu la meilleure note globale.

La Vache Pourpre et son équipe font le diagnostic des actions d'acquisition identifiées

étapes de maturité	**Jusqu'à identifier les entreprises où candidater**				**Jusqu'à envoyer sa candidature**		
actions du candidat	**Recherche des informations générales (secteur, marché, région)**	**Entre une 1re fois en contact avec l'entreprise**	**Décide de candidater**	**Est chassé**	**Prépare ses éléments de candidature**	**Envoie sa candidature**	**Participe à un assessment center**
actions d'acquisition	• Informations sur l'entreprise, sa marque employeur • Témoignages collaborateurs • Points de contact avec l'entreprise pour informations, questions • Informer sur opportunités de carrière / Parcours collaborateurs • Améliorer fiches de postes • Avoir une page entreprise sur jobboards			• Animation vivier de talents • Diminuer recours aux chasseurs de tête	• Informations sur le processus de candidature, les attentes de l'entreprise • Témoignages candidats • Diffusion d'information sur assessment centers • Fluidité du processus de candidature		
diagnostic	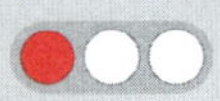 • La Vache Pourpre est très peu présente sur le Web, n'a pas démarré de stratégie de contenus… Tous les contenus restent à produire • En revanche vivier de talents existe				 • Moins de contenus à produire que pour l'étape précédente. • Parcours de candidature peut être optimisé, mais c'est en cours		

 *Demande un gros effort*  *Demande un certain effort*  *Demande peu d'efforts*

Jusqu'à recevoir une réponse négative		
Reçoit une réponse négative	Est convié à un entretien	N'est pas retenu

- Sélection rapide des candidatures
- Rédiger une réponse personnalisée
- Envoyer une réponse systématiquement
- Proposer à certains candidats non retenus d'intégrer un pool de talents, ou de rester en contact (mailings…)
- Réponse positive : donner les sources d'information pour préparer l'entretien à venir

- Pas d'outil de sélection des candidatures
- Pas de recommandations sur la préparation aux entretiens
- Pas de retour systématique aux candidats non conviés à un entretien

Jusqu'à recevoir une offre d'emploi				
Est convié à un entretien ou événement d'embauche	Se prépare à	Participe à assessment center	Réalise l'entretien	Reçoit une offre

- Sélection rapide des candidatures
- Donner les sources d'information pour préparer l'entretien
- Information détaillée sur processus de recrutement étape par étape
- Feedback tout au long du parcours
- Co-construction de l'offre avec le candidat

- Pas d'outil de sélection des candidatures.
- Pas de recommandations sur la préparation aux entretiens
- Process de recrutement efficace

La Vache Pourpre et son équipe font le diagnostic des actions d'acquisition identifiées

étapes de maturité	**5 - Jusqu'à signer le contrat de travail**				**6 - Jusqu'à intégrer son nouveau poste**		
actions du candidat	**Finalisation du contrat**	**Réfléchit et prend la décision**	**Signe le contrat de travail**	**Démissionne de son emploi actuel**	**Vit une période de transition avant d'intégrer son nouvel emploi**	**Arrive le jour J**	**Vit la 1re semaine dans son nouvel emploi**
actions d'acquisition	• Processus d'échanges avec le candidat pour répondre à ses questions • FAQ complète et accessible • Possibilité d'entretien avec collaborateurs • Témoignages collaborateurs sur freins éventuels • Signature simple, sans déplacement				• Rester en contact avec le candidat avant le Jour J : participation à une réunion, envoi de la documentation, préparation de ses outils de travail, etc. Vidéo de prise de connaissance de l'entreprise, etc. • Processus d'accueil et d'intégration le Jour J • Processus d'intégration semaine 1 (entretiens manager, feedback...)		
diagnostic	• Possibilités de prise de contact avec collaborateurs • Communication fluide et rapide • Pas de FAQ, mais rapide à faire				• Processus d'intégration peut être optimisé, mais globalement il est assez efficace • Identifier les points d'optimisation • Pas d'outil de onboarding, peut-être plus tard		

Demande un gros effort *Demande un certain effort* *Demande peu d'efforts*

Retrouvons La Vache Pourpre et son équipe dans la priorisation de leurs investissements

	Actions d'acquisition	Objectifs	Indicateurs intermédiaires
1	• Structurer le parcours de recrutement, de la sélection des candidatures à l'envoi d'une réponse	• Optimiser l'expérience des candidats au moment de poser leur candidature	• Nombre de candidats qui vont au bout de l'ensemble des entretiens • Qualité des entretiens
2	• Informer sur les modalités de préparation aux entretiens, réalisation des entretiens, les étapes (sur le site carrière)	• Optimiser l'expérience des candidats au moment de poser leur candidature	• Nombre de vues des pages • Taux de rebond
3	• Améliorer le formulaire de candidature	• Rendre l'envoi de la candidature plus convivial, plus en phase avec l'image de LVP	• Nombre de candidatures envoyées • Taux de formulaires remplis/commencés
4	• Diffuser des informations sur les attentes de LVP vis-à-vis des candidats (site carrière, jobboards, offres d'emploi)	• Augmenter la qualité des candidatures	• Taux de candidats sélectionnés pour un entretien
5	• Retravailler et enrichir les fiches de poste, les aligner sur la marque employeur • Revoir le design	• Augmenter la qualité des candidatures • Attirer plus de candidats	• Nombre de candidatures reçues • Taux de candidats sélectionnés pour un entretien
6	• Créer des contenus sur le site carrière à destination des candidats • Interviews de collaborateurs (articles et vidéos) • Parcours collaborateurs	• Augmenter la notoriété • Augmenter la qualité des candidatures • Attirer plus de candidats	• Nombre de candidatures reçues • Taux de candidats sélectionnés pour un entretien
7	• Retravailler le compte LinkedIn de l'entreprise • Revoir la ligne éditoriale et le planning éditorial • Intensifier le rythme de publication	• Augmenter la notoriété • Augmenter la qualité des candidatures • Attirer plus de candidats	• Nombre de vues des posts • Taux d'engagement sur les posts
8	• Acquérir un outil de sélection et gestion des candidats	• Optimiser l'expérience des candidats • Optimiser la gestion des candidats	• Qualité des candidatures retenues • Temps gagné par les RH • Temps de process des candidatures
9	• Optimiser le process d'intégration	• Optimiser l'expérience des candidats au moment de leur intégration • Renforcer la motivation et la fidélité des nouveaux collaborateurs • Renforcer l'esprit d'équipe	• Taux d'intégrations réussies • Feedback des nouveaux collaborateurs (quali)

LA VACHE POURPRE

	Organisation	Deadline	Étapes de maturité	Diagnostic
	• Responsable RH (Barbara)	J + 2 mois	4	
	• Responsable RH (Barbara)	J + 2 mois	4	
	• Responsable RH (Barbara) • Équipe communication digitale/ UX	J + 2 mois	2	
	• Responsable RH (Barbara) • Équipe communication digitale	J + 3 mois	2	
	• Responsable RH (Barbara) • Équipe communication	J + 3 mois	1	
	• Responsable RH (Barbara) • Équipe communication	J + 6 mois	1	
	• Équipe communication digitale (Arthur)	En continu	1	
	• Responsable RH (Barbara) • Équipe SI	J + 1 an	2 et suivantes	
	• Responsable RH (Barbara)	J + 6 mois	6	

L'expérience collaborateur

Redéfinir l'expérience collaborateur pour engager et fidéliser les collaborateurs

Pourquoi est-ce important de travailler sur l'expérience collaborateur ?

Parce que c'est un levier clé d'engagement et de fidélisation

Améliorer l'expérience collaborateur, c'est accompagner le collaborateur, de son arrivée dans l'entreprise jusqu'à son départ. C'est un processus continu qui s'adapte aux évolutions du collaborateur. Il s'agit d'un engagement de la part de l'entreprise, qui génère en retour un engagement chez le collaborateur. Cet engagement a un impact direct sur le taux de turn-over et sur l'implication des équipes.

→ Négliger l'expérience collaborateur, c'est se priver du principal levier de fidélisation

Parce que c'est un levier clé de performance pour l'entreprise

Les collaborateurs satisfaits de l'expérience qu'ils vivent dans leur entreprise se montrent plus performants et plus créatifs. Ils génèrent un accroissement du chiffre d'affaires. À l'inverse, une minorité de collaborateurs insatisfaits constituent un vrai frein au développement de l'entreprise et à la créativité des équipes.

→ N'oubliez pas qu'une expérience collaborateur réussie aura un impact positif direct sur l'expérience client

Parce que c'est un levier clé d'attraction des talents

Quand vous travaillez sur votre expérience collaborateur, vous renforcez votre marque employeur et devenez plus attractifs pour les meilleurs talents. Lorsque les collaborateurs témoignent de leur expérience au sein de l'entreprise, ils endossent un rôle d'ambassadeur et de prescripteur. Une expérience collaborateur réussie a un impact sur l'expérience candidat, puisqu'elle sera ressentie par le candidat au moment de ses interactions avec l'entreprise. L'expérience candidat est aussi la 1re étape de l'expérience collaborateur.

→ En améliorant l'expérience collaborateur, vous renforcez votre marque employeur et votre attractivité auprès des meilleurs candidats

Parce que c'est un levier clé de sélection des talents

Lorsque vous vous dépassez pour proposer une expérience collaborateur d'excellence, vous pouvez être plus sélectif, et plus exigeant : en effet, votre engagement entraîne un engagement également du côté des collaborateurs.

Par ailleurs, par un effet de « contamination positive », plus vous avez de collaborateurs talentueux et engagés dans l'équipe, plus la performance globale des collaborateurs va se renforcer.

→ En améliorant l'expérience collaborateur, vous augmentez la qualité et la densité des talents dans vos équipes

Réussir votre expérience collaborateur, c'est travailler pour une meilleure expérience client

Rappelons-le : la satisfaction des clients est liée à la satisfaction des collaborateurs

Des études ont montré que la satisfaction des collaborateurs était l'un des facteurs clés de la satisfaction des clients. En effet, des collaborateurs satisfaits de leur travail, qui y trouvent du sens, et qui sont fiers de leur appartenance à l'entreprise, vont naturellement répercuter cette fierté et cette satisfaction dans leurs interactions avec leurs clients. Ils vont transmettre leur enthousiasme aux clients. Ils vont être plus engagés à leur offrir les meilleurs produits et services.

Gardons en tête l'équation : **mauvaise expérience employé = salarié perçu comme inutile par le client qui l'a en face de lui** (Bertrand Duperrin)

« Les clients ne passent pas en premier.
Ce sont les employés qui passent en premier.
Si vous prenez soin de vos employés,
ils prendront soin des clients. »

Richard Branson, entrepreneur

Satisfaction collaborateurs, satisfaction clients : un cercle vertueux

Non seulement l'expérience collaborateur a un impact direct sur l'expérience client, mais l'inverse est également vrai. **Des clients satisfaits ont un impact positif sur l'expérience collaborateur.** Leur satisfaction génère en retour chez les collaborateurs de la fierté, de la satisfaction, un sentiment de reconnaissance. Cela participe à leur motivation. À l'inverse, des clients insatisfaits génèrent chez les collaborateurs du stress, de la colère, parfois un sentiment d'impuissance.

Quand les clients font une expérience positive, cela renforce aux yeux des collaborateurs la valeur et le but de leur travail. Les témoignages positifs de clients peuvent servir de paradigme pour le comportement des collaborateurs et leurs prises de décision à l'avenir. Les managers jouent un rôle clé : ils doivent reconnaître la satisfaction des clients et la mettre en valeur pour stimuler l'engagement en interne.

Bien sûr les témoignages négatifs doivent aussi être entendus et ils ont leur utilité, s'ils sont exploités pour progresser et réinsuffler de la motivation chez les collaborateurs.

COMMENT METTRE EN MIROIR EXPÉRIENCE CLIENT ET EXPÉRIENCE COLLABORATEUR ?

Le cabinet KPAM explique en vidéo comment mettre en miroir les 2 expériences pour identifier les points de frictions et mettre en place des solutions qui harmonisent l'expérience côté clients et côté collaborateurs.

Améliorer l'expérience collaborateur, c'est...

... pour les grands groupes

Les grandes entreprises attirent moins de candidats qu'avant : leur prestige fait moins rêver les jeunes générations, en quête d'autonomie, d'équilibre de vie et de sens dans leur travail. En travaillant à améliorer l'expérience collaborateur, les grands groupes travaillent non seulement sur leur attractivité et leur image de marque auprès des candidats potentiels, mais aussi sur le développement de la créativité, de la motivation et de l'engagement au sein de leurs équipes.

Si les grands groupes peuvent offrir des moyens importants, avec des locaux redesignés ou des propositions pour améliorer le bien-être des salariés par exemple (cours de sport, journées de bénévolat...), ils peuvent aussi générer de la frustration en lien avec la lenteur des prises de décision, le « mille-feuille » hiérarchique, le risque de « bore-out » ou encore la complexité des SI. Les points sensibles de l'expérience collaborateur ne sont pas nécessairement là où on les attend : écouter les collaborateurs eux-mêmes est un bon moyen d'identifier leurs besoins clés.

... et également pour les ETI, PME et TPE

Les ETI, petites ou moyennes entreprises ont, elles aussi, besoin de rester attractives pour les candidats mais aussi pour leurs collaborateurs. Travailler l'expérience collaborateur, c'est un moyen pour elles de fidéliser les collaborateurs, de motiver les équipes et d'attirer les bons candidats.

Les budgets ne sont pas les mêmes que dans les grands groupes, il est donc normal que l'attention se porte sur quelques points stratégiques qui vont permettre une amélioration sensible de l'expérience collaborateur pour un investissement mesuré. Pour identifier ces points sensibles et stratégiques, poser la question aux collaborateurs eux-mêmes permet de gagner du temps. C'est aussi adopter auprès d'eux une posture d'écoute active, qui est déjà un premier pas vers une meilleure expérience collaborateur.

Qu'est-ce que l'expérience collaborateur ?

L'expérience collaborateur, c'est **un concept marketing** qui applique les concepts d'expérience client ou d'expérience utilisateur aux collaborateurs de l'entreprise.

L'expérience collaborateur concerne **l'ensemble des collaborateurs de l'entreprise au sens large, tous les acteurs de son écosystème :**

- Candidats
- Salariés en CDI
- Salariés en CDD
- Fournisseurs
- Intérimaires
- Stagiaires
- Alternants
- Apprentis
- Freelances
- Consultants et autres prestataires de services
- Anciens collaborateurs

« C'est le résultat des émotions et des perceptions ressenties par le collaborateur dans ses interactions avec l'entreprise : ses process, son environnement physique, son organisation, son management, ses collègues, ses valeurs »

Séverine Loureiro,
Boostez l'expérience collaborateur

De quoi est faite l'expérience collaborateur ?

L'expérience collaborateur est un concept très large, parfois un peu fourre-tout. Il arrive qu'on la confonde avec le bonheur au travail. C'est une notion complexe parce qu'elle prend en compte la globalité du vécu, des attentes et des ressentis du collaborateur dans ses interactions avec l'entreprise.

Elle repose sur 5 dimensions* **:**

- le sens
- l'épanouissement
- l'environnement de travail
- les outils de travail
- les connexions et la communication

* Inspiré de *Boostez l'expérience collaborateur* (Séverine Loureiro)

Le sens

C'est une dimension essentielle de l'expérience collaborateur et un besoin de plus en plus exprimé par les salariés. Donner du sens à son travail, c'est plusieurs choses :

- **comprendre la raison d'être de l'entreprise :** pour inspirer et construire une expérience collaborateur réussie, il est indispensable de communiquer aux collaborateurs ce qui dépasse et transcende le business, la façon dont l'entreprise entend jouer un rôle dans la société, au-delà de sa seule activité économique.
- La raison d'être de l'entreprise est **intimement liée à ses valeurs,** qui constituent un élément fort de différenciation par rapport aux autres acteurs du marché. Une entreprise dont l'ambition est d'exprimer et de faire vivre ses valeurs à tous les niveaux de l'organisation va nécessairement entraîner une amélioration de l'expérience collaborateur, parce qu'elle apportera du sens. Il va donc être intéressant de se poser la question : l'expérience vécue par notre collaborateur reflète-t-elle (un peu, beaucoup, ou pas du tout) les valeurs de notre entreprise ?
- **développer une fierté d'appartenance,** qui peut être liée à la notoriété de l'entreprise, à son image de marque, mais aussi (et surtout) à la mission qu'elle s'est donnée et aux valeurs qu'elle souhaite incarner - mission commune qui n'est autre que le « pourquoi » du collectif ;
- **comprendre son rôle au sein du collectif,** sa participation et son impact dans la réalisation d'un but commun. Constater que ce rôle est reconnu **par le collectif.**

Qu'est-ce que l'expérience collaborateur ?

L'épanouissement

La notion d'épanouissement est une notion subjective. On considère ici qu'elle rejoint celle de réalisation professionnelle et donc regroupe les actions mises en place pour permettre au collaborateur de :

- **développer ses compétences** et du même coup augmenter son employabilité et sa valeur sur le marché de l'emploi (plan de formation, reconnaissance des compétences par l'expérience, programmes hauts potentiels, etc.)
- **gagner en autonomie et en responsabilisation,** pouvoir faire preuve de créativité : ce qui implique une culture de confiance dans l'organisation, et le droit à l'erreur ;
- **progresser** : Il s'agit d'identifier les collaborateurs qui traversent une phase de lassitude, qui « ont fait le tour » de leur poste et sont à la recherche de nouveaux challenges, pour leur proposer de progresser, sous la forme qui leur convient.

L'environnement de travail

Il s'agit de :

- **l'environnement physique :** l'emplacement géographique, la configuration et l'aménagement des locaux, la sécurité, et aussi les services proposés par l'entreprise sur le lieu de travail (salle ou cours de sport, cafétéria, crèche, salles de repos...) ;
- **l'organisation de l'entreprise :** son mode de gouvernance, son organigramme (flat ou pyramidal), les rythmes de travail, la culture managériale, les modes de validation et de décision.

Les outils de travail

Ce sont notamment :

- **les outils et environnements digitaux,** supposés être ergonomiques, agréables à utiliser, engageants, efficaces, connectés entre eux quand c'est nécessaire ;
- **les autres outils, non digitaux,** qui doivent eux aussi être modernes, efficaces, adaptés, ergonomiques, sécurisés, durables ;
- **les méthodes et les processus de travail,** dont on attend qu'ils soient, eux aussi, simples et efficaces, le moins possible consommateurs de temps et d'énergie ;
- **les ressources mises à disposition du collaborateur,** comme les référentiels, les aides à la vente, les plateformes de MOOC, etc.

Les connexions et la communication

Cette dimension recouvre la dimension humaine des interactions entre le collaborateur et l'entreprise :

- **entre le collaborateur et l'organisation** (circulation de l'information, rituels ponctuant le calendrier de l'entreprise...) ;
- **entre le collaborateur et le management** (lien de proximité, style de management, reconnaissance et feedback positif...) ;
- **entre le collaborateur et ses collègues** (modes de collaboration, ambiance, partage de valeurs, solidarité...) ;
- **entre le collaborateur et l'écosystème de l'entreprise** dans son ensemble (appartenance à un écosystème plus ou moins défini, modes de collaboration et d'échanges à l'intérieur de cet écosystème...).

2 questions soulevées par la crise de la Covid-19 autour de l'expérience collaborateur

Jean-Noël Chaintreuil de Change Factory constate que la crise sanitaire a fait émerger - entre autres - deux champs de réflexion, directement liés à l'expérience collaborateur :

LA QUESTION DE LA SANTÉ MENTALE DES COLLABORATEURS

On voit exploser le nombre de troubles anxieux, de maladies psychosomatiques, de tendances dépressives chez les collaborateurs tenus de travailler à distance. Or la santé mentale des collaborateurs est liée en partie à l'environnement de travail. Quand on parle de télétravail, où commence la responsabilité de l'entreprise en la matière ? Quel est son périmètre d'intervention ? Comment peut-elle mesurer la santé mentale du collaborateur ? Quels process mettre en place ?

LA QUESTION DES COMPÉTENCES MANAGÉRIALES

En lien direct avec le point précédent, les managers ont un rôle à jouer pour détecter les collaborateurs en souffrance et leur communiquer les moyens mis à leur disposition par l'entreprise pour les accompagner et les soutenir. Plus globalement, le télétravail interroge sur deux points majeurs :

- Que signifie être manager, aujourd'hui, avec des collaborateurs à distance ? Comment puis-je faire mon métier, celui de « manager performant » ?
- Comment puis-je être également « manager accompagnant »pour mes équipes à distance ? Si je suis la courroie de transmission de l'expérience collaborateur, comment cela impacte-t-il mon travail ?

Qui est en charge de l'expérience collaborateur ? *

Le socle : le CEO et l'équipe de direction

L'expérience collaborateur s'appuie directement sur la raison d'être de l'entreprise et sur ses valeurs. Le rôle du CEO et de l'équipe de direction est d'ancrer cette raison d'être en l'incarnant dans leurs discours, leurs comportements, leurs interactions avec les clients, les collaborateurs et le public de manière générale.

Les responsables : les pilotes de l'expérience collaborateur

Il n'y a pas une seule manière de faire, mais plusieurs, qui ont toutes leurs avantages et leurs inconvénients. L'expérience collaborateur peut être confiée à la DRH. Dans certaines entreprises elle est confiée à un responsable de l'expérience collaborateur. D'autres nomment un responsable de l'expérience collaborateur et client. Quelle que soit la fonction, son rôle est de mettre l'expérience collaborateur au centre de l'organisation.

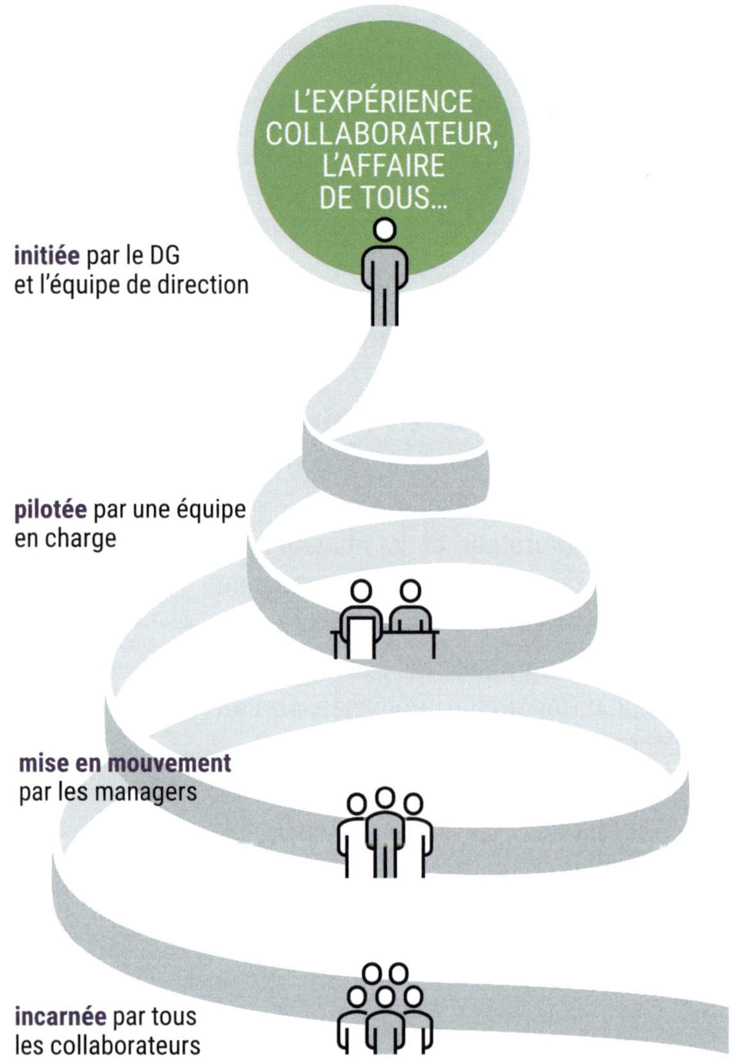

* d'après *The Employee Experience Advantage*, Jacob Morgan

Les moteurs : les managers

Dans une organisation, chaque manager est responsable de conduire l'expérience collaborateur. Leur rôle est de s'assurer que les collaborateurs vivent une expérience positive, afin de les amener à être plus efficaces et plus impliqués. Ils identifient les interactions et les moments clés, ils encouragent les collaborateurs à donner leur feedback sur leur expérience, ils contribuent et aident à mettre en forme et améliorer l'expérience collaborateur. Leur rôle se rapproche progressivement de celui d'un coach. Ils occupent une position complexe, répondant à la fois aux attentes de la direction et à celles des collaborateurs. Ils jouent un rôle capital dans l'expérience collaborateur, c'est pourquoi il convient de leur accorder une attention particulière.

Les parties prenantes : tous les collaborateurs

L'expérience collaborateur se crée à la rencontre des besoins et attentes des collaborateurs avec ce que l'organisation a mis en place pour y répondre. Pour travailler sur l'expérience collaborateur, il faut donc impliquer l'entreprise tout entière dans une recherche d'amélioration. Qui dit amélioration, dit identification des problèmes et feedback.

Le feedback peut faire partie intégrante d'une culture d'entreprise.

- Si tous les collaborateurs sans exception, du stagiaire au CEO, sont incités à donner leur feedback, de façon bienveillante, mais aussi transparente, c'est une information précieuse, à collecter et à exploiter.
- Cela implique de créer les moyens de donner du feedback : temps consacrés, outils, etc.

Repenser l'expérience collaborateur : un travail d'équipe

Remonter à la source

Pour améliorer l'expérience collaborateur, il faut d'abord être capable d'en connaître les tenants et aboutissants au quotidien. Il est nécessaire de comprendre ce que font vraiment les gens, pas de façon macro et théorique. Il s'agit de comprendre leurs tâches, pas à pas, les flux et les process de travail, les personnes et services impliqués à chaque étape. Les problèmes rencontrés ne peuvent être identifiés et remontés que par le collaborateur lui-même, ou par le manager qui connaît parfaitement son travail.

Impliquer les personnes directement concernées permet :

- d'avoir les informations nécessaires précises ;
- de faciliter le changement, car, c'est bien connu, les gens résistent moins au changement s'ils y ont contribué.

Travailler en équipe

L'intelligence collective et le design thinking sont un excellent moyen de réfléchir à l'expérience collaborateur. Ils permettent d'impliquer les parties prenantes, donc de les mettre en mouvement.

Vous allez devoir solliciter de nombreux acteurs différents, en fonction du sujet sur lequel vous travaillez, car l'expérience collaborateur résulte du travail de différents services : le service informatique, l'équipe sécurité, le facility manager, le responsable de la paye, la direction immobilière, etc. Pour créer une expérience collaborateur réussie, il est indispensable d'élargir le scope des personnes impliquées et d'oublier les silos.

Aller chercher l'information et le feedback

Dans la réalité, il n'est pas toujours possible de mobiliser toute une équipe sur le sujet de l'expérience collaborateur. On n'a pas toujours les ressources à disposition pour consacrer du temps à ce sujet.

Dans ce cas, il convient de réfléchir à une autre façon d'impliquer les équipes concernées :

- faire remonter les besoins et les irritants de différentes façons (sondages, discussions…) ;
- interroger et mobiliser si possible les managers, pour connaître et analyser le flux de travail quotidien ;
- soumettre un 1er jet de réflexion et de propositions, et demander un feedback ;
- mobiliser si possible les managers pour connaître le flux de travail quotidien ;
- passer à l'action dans une démarche d'amélioration continue, progressive et itérative.

Mesurer l'expérience collaborateur

Mesure quali ou mesure quanti ?

Comme on parle d'expérience, donc de vécu, on aura volontiers recours **à des instruments de mesure quali, le « baromètre social »** censé donner le pouls de la société. De plus en plus d'outils digitaux permettent de collecter le ressenti des salariés, via des applis notamment comme Bloom at work, Bleexo ou Zest. Le vrai challenge cependant ne réside pas dans le moyen de collecte de la donnée, mais dans le choix de l'information à rechercher, des questions à poser, et l'identification des biais potentiels dans les réponses.

Le feedback des collaborateurs et des managers doit également être recueilli et analysé régulièrement. Si le feedback n'est pas suivi d'effets, il pourrait devenir contre-productif.

L'objectif est de faire émerger un ressenti global **sur des axes préalablement définis. Quels ressentis vont vous donner la mesure de la qualité de l'expérience collaborateur ?** À vous de décider ce qui vous paraît significatif pour votre culture d'entreprise. Est-ce la fierté d'appartenance à l'entreprise? La notion de reconnaissance ? Le degré d'autonomie ? La pratique du feedback ? Ou encore la perception du sens et de l'impact de son travail ?

Le ressenti va nécessairement évoluer, au fil des actualités de l'entreprise et de tout ce qui impacte le quotidien des collaborateurs, il est donc intéressant **de mesurer régulièrement** pour pouvoir mettre en place une amélioration continue.

Il est aussi possible de mesurer l'évolution de l'expérience collaborateur sous forme chiffrée. Dans tous les cas, il faut **définir précisément le périmètre de l'expérience collaborateur,** afin de pouvoir le traduire en indicateurs. Le concept d'expérience collaborateur est en effet une notion assez large.

Si une expérience collaborateur réussie se mesure au degré d'engagement des collaborateurs, il vous faudra trouver **les bons indicateurs de mesure de cet engagement.** Tout en tenant compte des données dont vous disposez, qui peuvent être plus ou moins nombreuses et fiables, en fonction des systèmes mis en place.

Vous pouvez utiliser par exemple :

- des indicateurs sociaux : taux d'absentéisme ; taux de turnover
- des indicateurs liés à la performance : taux de participation à un événement interne ; taux de participation à une formation collective ; formations choisies ; taux d'engagement sur les réseaux sociaux ; taux de satisfaction client (puisqu'on a vu que la satisfaction client était le reflet de l'expérience collaborateur).

Mesure d'impact

L'entreprise dans une démarche d'amélioration continue aura intérêt à mesurer régulièrement **l'impact de ses actions sur l'expérience collaborateur.**

Ont-elles été perçues ? Ont-elles apporté une amélioration tangible dans le quotidien des employés ? Quel est leur degré de satisfaction ?

En fonction des réponses, l'entreprise pourra corriger ses actions : a-t-elle suffisamment communiqué sur ses actions ? A-t-elle choisi les bons irritants sur lesquels travailler ? A-t-elle été assez loin dans son action ?

Les indicateurs d'impact à suivre dans votre tableau de bord dépendent du processus que vous souhaitez mesurer et, encore une fois, des chiffres dont vous disposez.

Si vous souhaitez suivre par exemple l'impact de vos actions sur le management des compétences, voici quelques indicateurs significatifs :

- Budget consacré à la formation ou au développement de compétences clés ;
- Identification des profils/talents capables de succéder à certains collaborateurs;
- Identification des compétences clés par type de poste
- Taux d'employés recrutés selon une liste de compétences ciblées ;
- Nombre d'actions déployées pour développer des compétences clés ;
- Taux de collaborateurs formés chaque année ;
- Délais de recrutement/formation

Au cœur de la fonction RH : la recherche permanente de l'engagement collaborateur

Travailler sur l'expérience collaborateur, c'est chercher à augmenter la satisfaction, et donc l'engagement des collaborateurs. Les RH ne portent pas seules la responsabilité de l'engagement des équipes. Mais elles peuvent mettre en place les conditions qui vont permettre aux managers de maximiser le niveau d'engagement des collaborateurs.

La plupart des collaborateurs **n'aspirent qu'à s'investir en trouvant de la satisfaction et du sens** dans ce qu'ils font. Les RH ont un rôle stratégique à jouer comme **gardien des conditions d'engagement** au sein de l'entreprise. Elles peuvent légitimement, quel que soit leur niveau hiérarchique, poser deux questions à tous les décideurs* :

- Ce que vous voulez faire, dire ou faire faire va-t-il augmenter ou réduire le niveau d'engagement des collaborateurs ?
- Si ce que vous voulez faire, dire ou faire faire risque de réduire le niveau d'engagement, que pouvons-nous mettre en place pour minimiser les dégâts ?

Un danger potentiel, le brown out

Cette expression anglaise décrit **une baisse de l'engagement des collaborateurs résultant d'une perte de sens au travail,** d'un manque de compréhension du « pourquoi » de leur mission et d'une absence de mise en perspective de leurs tâches. Les personnes touchées par le brown out travaillent sans se soucier de la qualité de ce qu'elles font. Elles ont démissionné mentalement de leur fonction.

Le brown out se manifeste de façon moins violente et visible que le burn-out, mais il se développe. En 2019, certaines études montraient que **pour plus de la moitié des salariés, le sens au travail se dégradait.**

Le rôle des managers est fondamental pour prévenir, repérer ou apaiser les signes de brown out. C'est à lui de redonner du sens à ses collaborateurs, notamment en revoyant ses postures managériales.

Les collaborateurs désengagés… font aussi partie de l'expérience collaborateur

Il suffit parfois d'une minorité de collaborateurs désengagés, en colère, en situation de mal-être, pour freiner l'élan et diminuer la productivité de tout un collectif.

Face à des collaborateurs désengagés, il convient tout d'abord de se remettre en question pour comprendre ce qui a généré leur frustration *(voir à ce sujet l'interview de Jean-Noël Chaintreuil P.246)*.

Il n'est pas forcément possible de recréer de l'engagement chez ces collaborateurs (la désillusion vécue a été trop forte, ou bien il s'agit d'une erreur de recrutement). Quand tout a été tenté sans succès, il faut parfois se résoudre à se défaire d'un collaborateur qui devient contre-productif pour l'énergie et l'engagement du groupe.

« Il faut être capable de renvoyer un bon employé quand on pense pouvoir en trouver un génial. »

Reed Hastings, patron de Netflix

Hastings est convaincu que la qualité de travail est contagieuse. Ceux dont le travail est médiocre pèsent sur la qualité du travail des autres. Il choisit même d'écarter les collaborateurs dont le travail est simplement correct et explique que le résultat observé a été un net accroissement de la « densité des talents ».

[RENCONTRE] **Séverine Loureiro,** conférencière, auteure, experte de l'expérience collaborateur

Améliorer l'expérience collaborateur, c'est d'abord mettre du sens

Conférencière et auteure sur les sujets de l'Expérience Collaborateur, de la Marque Employeur et de la transformation des RH, **Séverine Loureiro** est la fondatrice du site « Points de Contact ». Son expertise prend notamment appui sur ses 15 années en développement RH en entreprise et sur son expérience en conseil Expérience Collaborateur au sein de son agence. Elle partage régulièrement sa vision lors de prises de parole en entreprises ou lors d'événements RH, et la partage dans son podcast Stay Tuned créé en 2018.

Boostez l'expérience collaborateur,
avec M. Lepetit-Brière, Eyrolles, sept. 2018

Le droit à l'erreur,
Dunod, juin 2021

Séverine, depuis la sortie de votre livre en 2018, quels changements avez-vous observés sur l'expérience collaborateur ? Les entreprises ont-elles gagné en maturité sur le sujet ?

La principale évolution, on l'a vue au moment de la crise sanitaire et du confinement de mars 2020. 82 % des DRH qui avaient initié une démarche d'expérience collaborateur avant la crise considèrent que cela les a aidés à traverser la crise (*Baromètre de l'expérience collaborateur 2021*). Les entreprises ont dû se poser la question de la nature du lien qui unit le collaborateur à l'entreprise, au-delà de la simple gestion de processus.

Rappelons ce qu'est l'expérience collaborateur : c'est l'ensemble des perceptions et des émotions que ressentent les collaborateurs lors de leurs interactions avec l'organisation, avec leur manager ou avec leurs collègues, et ce, tout au long de leur parcours au sein de l'entreprise : avant, pendant et après.

Les entreprises qui ont le mieux traversé la crise sont celles qui ont pris conscience que créer une relation avec un collaborateur, c'est faire vivre une relation plus humaine, c'est s'intéresser à ses attentes, c'est donner du sens au travail.

Tout à coup, les entreprises ont dû faire des onboardings à distance. Comment on fait ? Ça demande de revoir tout le process, de se mettre à la place de la personne qui arrive, d'être en empathie, d'être à l'écoute des expériences vécues, les bugs informatiques, etc. Tout ce qui, sur place dans les locaux de l'entreprise, se résoudrait rapidement, devient plus compliqué à distance.

La crise de la Covid-19 a ceci de positif : elle fait bouger les choses ! Je soulignais déjà dans mon livre l'importance stratégique du sens dans l'expérience collaborateur. Aujourd'hui, on y est. Quand un collaborateur se retrouve plusieurs heures par jour chez lui seul devant son PC, il peut vivre une crise de sens importante. C'est arrivé à beaucoup. Quand vous arrivez au bureau, vous êtes dans une énergie collective, vous ne vous demandez pas tous les matins pourquoi vous êtes là et quel sens a ce qui est prévu dans votre journée. Seul, avec votre to do list en télétravail, vous avez le temps de vous poser la question !

Comment les entreprises peuvent-elles maintenir l'énergie du collectif à distance ? On commence à peine à répondre à cette question. Il existe des cafétérias virtuelles, qui à mon avis ne remplacent pas les rencontres réelles à la machine à café. Il manque la spontanéité des échanges et des rencontres fortuites. À distance, le moindre échange doit être planifié, et les visios sont devenues épuisantes.

Les managers ont un rôle crucial à jouer pour entretenir cette énergie du collectif. Mais ils ne peuvent pas tout faire. On a vu fleurir les bons conseils, les guides pratiques du bon manager à distance. C'est un bon début, mais cela reste insuffisant. Il faut une réflexion en profondeur sur le rôle du manager, mais aussi sur les moyens de faire émerger de la spontanéité dans les équipes qui travaillent à distance.

À l'heure où la HR Tech explose, quel rôle joue selon vous le digital dans l'expérience collaborateur ?

La digitalisation des process RH joue bien sûr un rôle capital. Si elle est bien faite, elle fluidifie et simplifie les interactions du collaborateur avec l'entreprise, donc elle optimise son expérience. Si au lieu de passer 1 heure à scanner vos notes de frais, remplir un tableau Excel, envoyer le tout à la compta, vous avez une application qui vous permet de scanner en 10 min vos justificatifs et remplit le tableau Excel automatiquement à

[RENCONTRE] **Séverine Loureiro,** conférencière, auteure, experte de l'expérience collaborateur

votre place, là l'entreprise vous a apporté de la valeur en vous facilitant la vie, et normalement vous êtes content !

Digitaliser demande aussi de remettre à plat les process : on se met à la place de l'utilisateur, on pense UX, on diminue le nombre de tâches chronophages pour l'utilisateur : on apporte donc cette valeur ajoutée qui améliore l'expérience collaborateur.

Mais attention à ne pas tomber dans l'excès du tout digital. Le digital, ça reste la partie facile de l'expérience collaborateur. C'est un outil qui ne résout pas une question, c'est seulement un moyen de mettre en œuvre une réponse à cette question. Ce n'est pas une finalité en soi.

Le plus important reste de donner du sens au travail au quotidien. Faire en sorte que l'organisation soit lisible. Clarifier le « qui fait quoi ». Proposer des processus qui permettent de travailler ensemble. Communiquer de façon transparente sur la stratégie de l'entreprise.

Si vous ne résolvez pas les questions de fond, l'outil digital n'aura aucun effet ! L'outil n'est que la face visible de l'iceberg, un quick win qui retombera comme un soufflé rapidement si vous ne répondez pas à la demande de sens des collaborateurs.

Pour travailler sur son expérience collaborateur, il vaut mieux être un grand compte ou une PME ?

Une PME ! C'est plus facile pour une PME, parce que les équipes sont moins nombreuses et moins hétérogènes. Même si une PME peut avoir plusieurs sites, les équipes expérimentent des contextes relativement similaires, elles partagent plus facilement la même expérience ou des expériences proches.

Dans un grand groupe, c'est ultra complexe de travailler sur l'expérience collaborateur. Le nombre de collaborateurs et la diversité des contextes et des équipes démultiplient les types d'expériences collaborateur en interne.

Comment savoir par où commencer quand on veut travailler sur son expérience collaborateur ?

C'est la question qu'on me posait tout le temps. J'y ai répondu en écrivant mon livre et en proposant une méthode. Il faut s'y prendre comme un marketer : identifier les irritants d'abord, et en faire une map - je parle des vrais irritants, pas ceux qui nous paraissent en être. Il faut vérifier nos intuitions auprès des personnes concernées. En marketing, on commence par interroger les clients ? Pour l'expérience collaborateur, c'est pareil. Il faut arrêter de lancer des actions sans savoir si ça va fonctionner ni si ça correspond à un réel besoin. Après tout, peut-être que passer 1 h à transmettre ses notes de frais ne dérange personne. En revanche, préparer son entretien annuel sur un logiciel qui buggue tout le temps, c'est insupportable. Si vous ne demandez pas aux collaborateurs, vous ne pouvez pas savoir ce qui les dérange vraiment.

Les RH ont la chance d'avoir leur « marché » sous la main, elles ont énormément d'informations sur les collaborateurs. Les marketers tueraient pour en avoir autant sur leurs clients ! Il faut apprendre à se servir de cette donnée, et à connaître vraiment les collaborateurs, en les écoutant.

[RENCONTRE] **Jean-Noël Chaintreuil,** CEO et co-fondateur de Change Factory

L'expérience collaborateur, ce n'est pas un objectif, c'est le résultat d'un projet d'entreprise.

Jean-Noël Chaintreuil est le fondateur de Change Factory, laboratoire d'acculturation et d'accompagnement au changement.Les missions principales sont la compréhension des cultures, l'accompagnement des Comex, les transformations de compétences et la mise en application de stratégies de rupture.

Il est également maître de conférences associé pour La Sorbonne et intervient dans diverses universités sur le futur du travail, les ressources humaines et les transformations culturelles.

changefactory.fr

changefactory.academy

Quelle est selon vous la maturité des entreprises sur le sujet de l'expérience collaborateur ?

Aucune entreprise ne peut aujourd'hui se permettre de ne pas s'intéresser à l'expérience collaborateur. Celles qui ne s'y intéressent pas s'exposent **au risque de Retour sur Non Investissement (RONI). Donc l'expérience collaborateur intéresse véritablement tout le monde.** Mais encore faut-il être capable de choisir sur quoi on veut mettre l'accent. Pour commencer, il faut définir ce qu'on entend par expérience collaborateur. C'est un concept un peu galvaudé, donc difficile à définir. Il convient aussi **de définir le périmètre qu'on se donne, identifier ses priorités, savoir comment on va mesurer les résultats.** On peut travailler sur de nombreuses thématiques. Une expérience collaborateur réussie, c'est une somme de sous-thématiques choisies judicieusement, qui vont générer de la confiance, de la transparence, de la fierté, de l'inclusion, etc. en fonction de l'objectif qu'on s'est donné.

Je pense à une entreprise qui a décidé de faire en sorte que ses collaborateurs aient **une vision précise de leur employabilité sur le marché.** Elle a élaboré un référentiel de compétences et des outils de comparaison avec l'ensemble du marché. Elle s'est mise dans la position de s'engager à accompagner ses collaborateurs vers une meilleure employabilité, à travers la rémunération, les conditions de travail, la formation, l'intérêt des missions, etc.

C'est engageant pour l'entreprise, et cela génère de l'engagement chez les collaborateurs.

Aujourd'hui des start-ups, des PME, décident de partager en toute transparence leurs chiffres, leur stratégie, leurs prises de décision à l'ensemble des collaborateurs. Cette transparence, cette authenticité, façonnent aussi l'expérience collaborateur.

Améliorer l'expérience collaborateur, est-ce que ça coûte cher ?

Travailler sur l'expérience collaborateur, ce n'est pas forcément coûteux. L'expérience collaborateur est propre à chaque entreprise. Il faut accepter de passer du temps (et un peu d'argent) sur le diagnostic. Pour identifier ce qui est important pour ses collaborateurs et pour son entreprise, comprendre ce que chacun veut, comment le mettre en œuvre, où sont les priorités. Les solutions toutes faites ne fonctionnent pas.

[RENCONTRE] **Jean-Noël Chaintreuil,** CEO et co-fondateur de Change Factory

J'ai en tête l'exemple de ce patron de PME qui avait identifié en interne le besoin de « manger mieux » et de « faire partie de l'écosystème local ». Il a écouté, il a pris en compte ce besoin à son échelle, et il a proposé d'afficher à la cantine la traçabilité des produits, achetés localement. Les gens lui ont écrit pour le remercier. Ils ont vu que leur entreprise avait un vrai impact local. L'écoute et la transparence ont généré de la confiance, de la fierté, et de l'engagement. Par un moyen assez simple et finalement peu coûteux, ce patron a diminué le turn-over, augmenté le capital confiance, et l'engagement des collaborateurs qui en ont parlé autour d'eux. Des médias sont venus couvrir le sujet, donnant une visibilité supplémentaire à l'entreprise et apportant de nouveaux contrats avec des producteurs locaux. Cette PME a même gagné un contrat avec un client qui appréciait la démarche locale et solidaire.

Autre exemple d'une expérience collaborateur réussie, à moindres frais, celui de ce groupe qui a décidé d'ouvrir une chorale. Une des personnes à la communication a eu cette intuition. On a décidé de tenter le coup et de creuser cette initiative personnelle. On a dit aux gens : « venez chanter, on vous met à disposition du temps, des locaux, des professeurs. Venez faire quelque chose ensemble ». L'initiative a pris de l'ampleur, la chorale a été présentée dans le kit de onboarding, on en a parlé dans l'entreprise… Ça a fonctionné. Les gens se sont sentis écoutés. Cela a apporté de la confiance et de la fierté. L'expérience collaborateur, c'est ce savant mélange, cet équilibre difficile à trouver entre l'analytique (et donc les données) et l'émotion, à la fois utile à l'entreprise et bénéfique pour l'individu.

Qui porte l'expérience collaborateur ?

L'expérience collaborateur, c'est d'abord un sujet de Direction Générale, une vision stratégique qui part d'en haut, et qui est pilotée par les RH. La stratégie d'expérience collaborateur n'est pas un élément qui se superpose à la stratégie d'entreprise. Elle doit découler directement de la stratégie de croissance. La bonne approche, c'est de réfléchir à une stratégie de croissance de l'entreprise où la symétrie des attentions est appliquée, ce qui fait que tout le monde y trouvera son compte, collaborateurs et clients, dans une dynamique vertueuse. Si vous commencez par dire que vous voulez améliorer l'expérience collaborateur pour faire baisser le turn-over… c'est déjà perdu. Vous confondez résultats et objectifs.

L'expérience collaborateur, c'est un résultat. Pour faire un parallèle, certaines agences managent la carrière de stars et signent avec elles un contrat d'exclusivité. Les stars clientes sont obligées, par contrat, de travailler avec cette agence. D'autres ne signent pas de contrat d'exclusivité. Leur ambition est de prouver à leurs clients qu'ils ont tout intérêt à travailler avec elles. Qu'ils ont raison de la choisir. C'est une attitude qui force à respecter ses engagements, à se dépasser. Et souvent ça entraîne le client à faire la même chose. Pour l'expérience collaborateur, c'est pareil !

Richard Branson avait cette ambition **de faire en sorte que chaque collaborateur ait envie de rester, chaque jour.** Si un collaborateur veut quitter l'entreprise, on part du principe qu'un besoin n'a pas été satisfait, que quelque chose a échoué dans le management. On ne retient pas le collaborateur, mais on fait une évaluation à 360°, un entretien de offboarding, et on cherche à identifier le problème, à comprendre le départ.

« On ne fait pas pousser un brin d'herbe plus vite en tirant dessus », disait mon grand-père. Je crois que cela résume bien l'expérience collaborateur.

La méthode pour redéfinir l'expérience collaborateur

Construire pas à pas son plan de recrutement, en 4 étapes

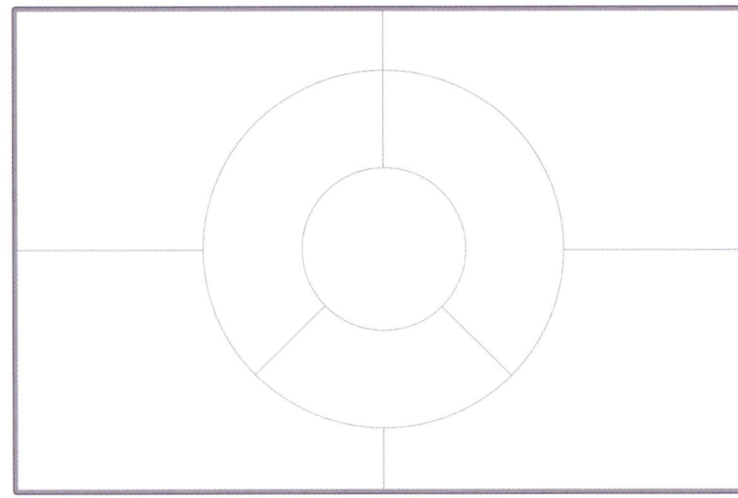

1 Comprendre vos collaborateurs

À partir du **Canvas focus collaborateur,** vous vous posez toutes les bonnes questions pour vous mettre à la place de votre collaborateur, comprendre ses motivations et ses interrogations.

2 Formaliser le parcours collaborateur

Dans le **parcours collaborateur**, vous formalisez pour votre groupe de collaborateurs cible l'ensemble des interactions physiques ou digitales (« les moments de vérité »), ses ressentis et émotions positives ou négatives.

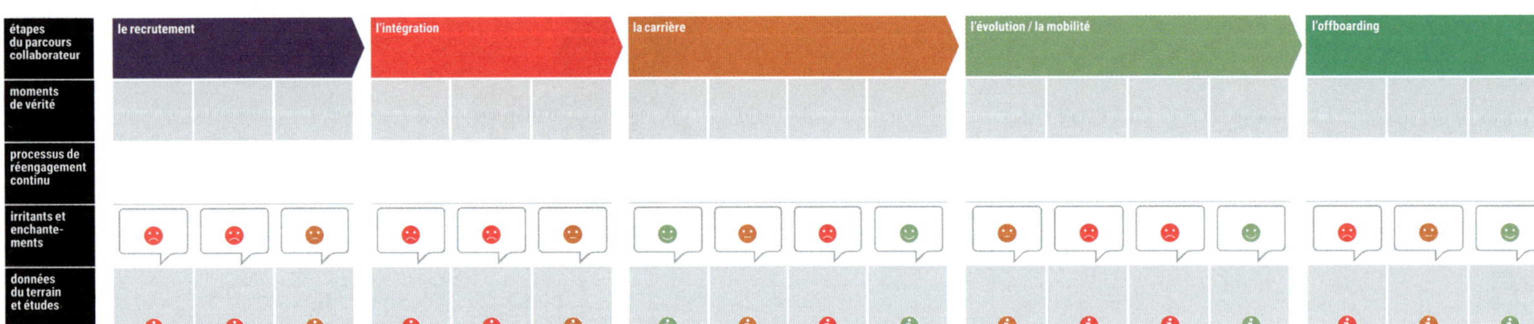

3 Compléter la matrice d'enchantement

Avec la **matrice d'enchantement collaborateur,** vous assignez des actions pour supprimer les irritants et enchanter l'expérience vécue par le collaborateur.

étapes du parcours collaborateur	Le recrutement		
moments de vérité			
actions à mener	actions 1	actions 2	actions 3
indicateurs	indicateurs 1	indicateurs 2	indicateurs 3
organisations	organisations 1	organisations 2	organisations 3
outils et supports	outils et supports 1	outils et supports 2	outils et supports 3

étapes du parcours collaborateur	L'intégration			
moments de vérité				
actions à mener	actions 1	actions 2	actions 3	actions 4
indicateurs	indicateurs 1	indicateurs 2	indicateurs 3	indicateurs 4
organisations	organisations 1	organisations 2	organisations 3	organisations 4
outils et supports	outils et supports 1	outils et supports 2	outils et supports 3	outils et supports 4

étapes du parcours collaborateur	La carrière			
moments de vérité				
actions à mener	actions 1	actions 2	actions 3	actions 4
indicateurs	indicateurs 1	indicateurs 2	indicateurs 3	indicateurs 4
organisations	organisations 1	organisations 2	organisations 3	organisations 4
outils et supports	outils et supports 1	outils et supports 2	outils et supports 3	outils et supports 4

étapes du parcours collaborateur	L'évolution / la mobilité		
moments de vérité			
actions à mener	actions 1	actions 2	actions 3
indicateurs	indicateurs 1	indicateurs 2	indicateurs 3
organisations	organisations 1	organisations 2	organisations 3
outils et supports	outils et supports 1	outils et supports 2	outils et supports 3

étapes du parcours collaborateur	L'offboarding			
moments de vérité				
actions à mener	actions 1	actions 2	actions 3	actions 4
indicateurs	indicateurs 1	indicateurs 2	indicateurs 3	indicateurs 4
organisations	organisations 1	organisations 2	organisations 3	organisations 4
outils et supports	outils et supports 1	outils et supports 2	outils et supports 3	outils et supports 4

4 Définir votre plan d'expérience collaborateur

Pour finir vous construisez le **plan d'expérience collaborateur** en assignant les tâches à faire aux personnes concernées.

priorité des investissements	critère 1	critère 2	critère 3	critère 1	critère 2	critère 3	critère 2	critère 3	critère 1	critère 2	critère 3	critère 1	critère 2		

Le Canvas focus collaborateur

Comprendre ses collaborateurs

À quoi sert le Canvas ?

Le Canvas focus collaborateur allie méthodologie et chronologie. Les 7 cases du Canvas correspondent à sept questions clés. Elles vous permettent de vous mettre dans la peau du collaborateur dont vous souhaitez comprendre et améliorer l'expérience. Vous allez vous interroger sur ses attentes, ses motivations, ses besoins et ses questionnements. Vous abordez ainsi la 2e partie du travail, le parcours collaborateur, avec une vraie compréhension du persona et des informations approfondies.

Travaillez en équipe

Le Canvas focus collaborateur est bien plus pertinent s'il est abordé avec l'ensemble des équipes concernées par l'expérience collaborateur. Pour enrichir votre réflexion, invitez lorsque c'est possible les personnes concernées (collaborateurs, managers) à se joindre à vous. Faites participer ceux qui savent !

Collectez l'information en interne

Il n'est pas toujours possible de mobiliser les équipes pour ce travail de réflexion. Appuyez-vous dans tous les cas sur l'information disponible, que vous aurez collectée en amont : les datas RH, les enquêtes internes, les avis collaborateurs sur Glassdoor... Si vous n'avez pas ces informations, pensez à faire réagir les équipes concernées sur le résultat de votre travail, afin d'avoir leurs réactions et leur feedback.

Un Canvas par profil de collaborateur

Chaque profil de collaborateur (production, fonctions support, ventes, management, stagiaire, etc.) vit une expérience collaborateur spécifique.

Lorsque vous travaillez avec le Canvas focus collaborateur, concentrez-vous sur un profil de collaborateur à la fois, ou organisez des sous-groupes de travail pour chaque profil étudié.

le Canvas FOCUS COLLABORATEUR

PROJET	DATE	VERSION

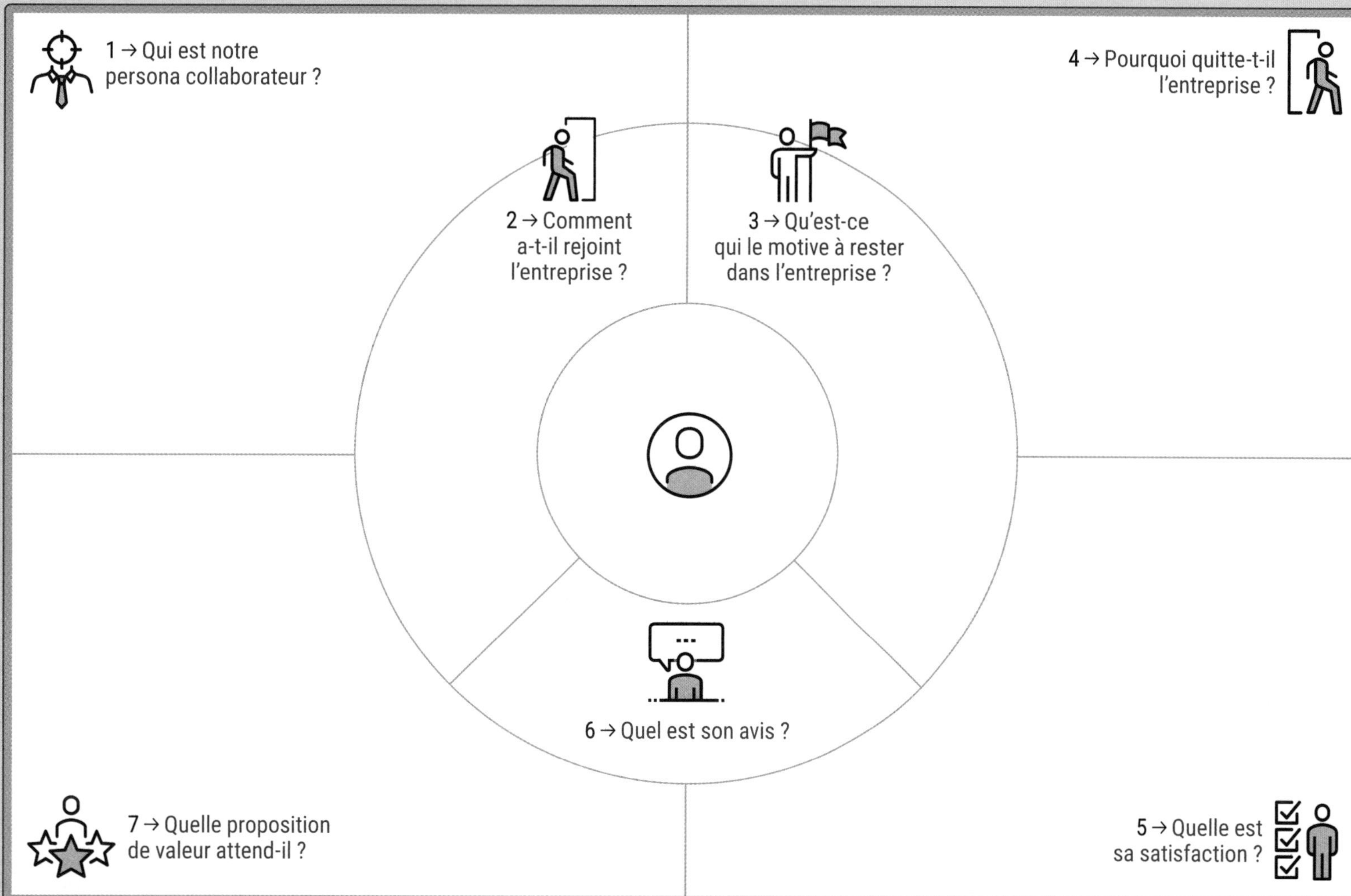

Téléchargez **LE CANVAS FOCUS COLLABORATEUR** en flashant le QR Code ci-contre

Les questions du Canvas

1 → Qui est notre persona collaborateur ?

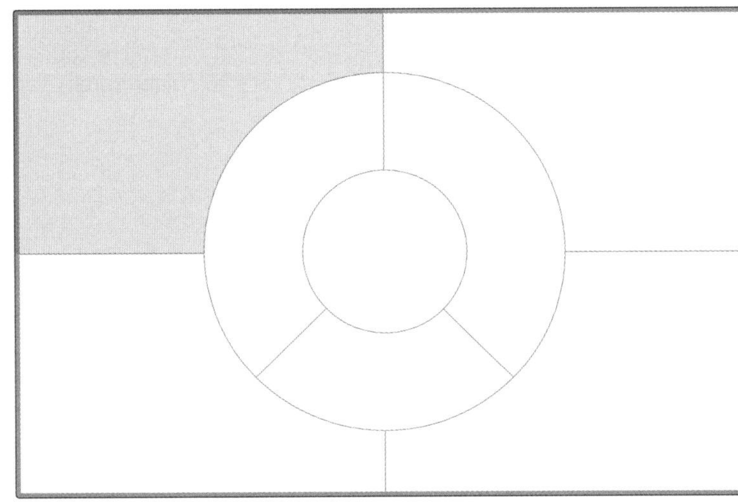

Quel est le profil du collaborateur dont nous voulons améliorer l'expérience ?

Quel est son profil socio-démographique ?
- Fourchette d'âge ? Genre ?
- Région ?
- Composition du foyer ? CSP ?

Quel est son métier ?
- Principales tâches quotidiennes ?
- Compétences clés (savoir-faire et savoir-être) ?
- Principales personnes ou services avec lesquels il est en interaction ?
- Rythme de travail ?

Quelle est son histoire avec l'entreprise ?
- Ancienneté ?
- Mobilité ? Évolution dans l'entreprise ?

2 → Comment a-t-il rejoint l'entreprise ?

Comment le recrutement s'est-il déroulé ?

Comment est-il entré en contact avec l'entreprise ?

- Comment a-t-il effectué ses recherches ?
- Quels outils a-t-il utilisés ?
- Quels sont ses réseaux ?
- Quelles difficultés a-t-il rencontrées ?

Comment le recrutement s'est-il déroulé ?

- Durée ?
- Processus ?
- Personnes rencontrées durant le processus de recrutement ?

Quels ont été ses critères de décision ?

- Quelle est sa problématique de recherche d'emploi, quels en sont les enjeux ?
- À quels arguments est-il sensible au moment de faire son choix ?
- A-t-il exercé de nombreux emplois avant de rejoindre l'entreprise ? Des emplois similaires ? ou différents ?

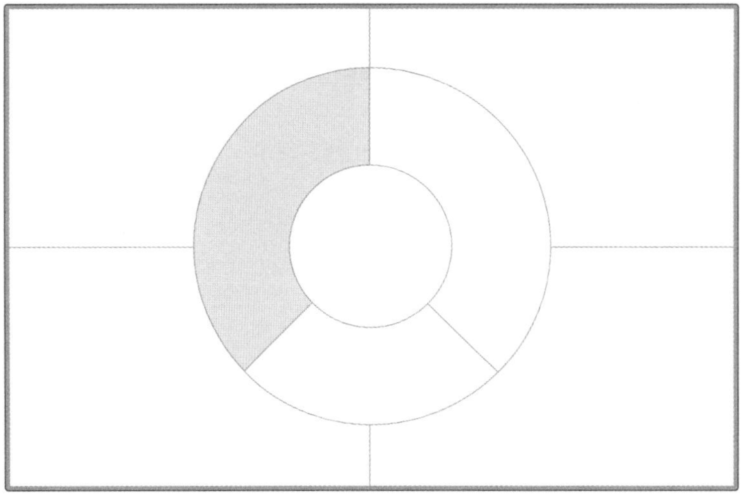

Les questions du Canvas

3 → Qu'est-ce qui le motive à rester dans l'entreprise ?

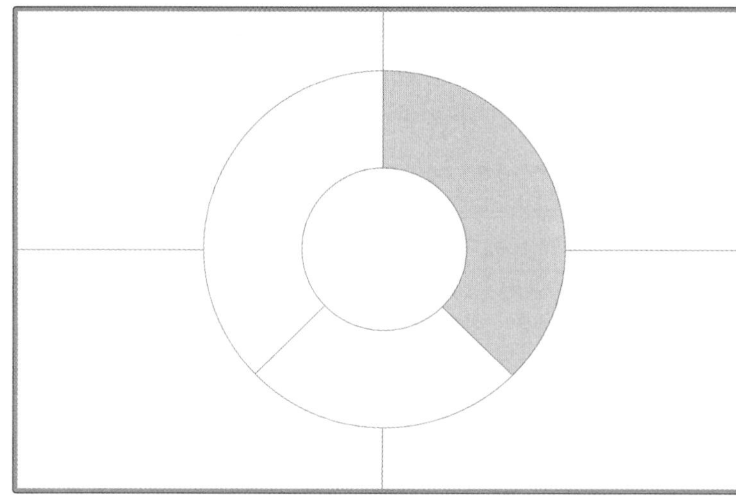

Quels sont ses freins, ses moteurs et ses sources de motivation ?

Pourquoi choisit-il de ne pas partir ?

- Y a-t-il des freins au départ ? Lesquels ?
- Quel est son niveau d'employabilité ?
- Quelles autres opportunités s'offrent à lui ?
- Qui sont nos concurrents ?
- Que proposent-ils, qu'est-ce qui les différencie et les rend attractifs ?

Pourquoi choisit-il de rester ?

- Quels sont ses leviers de motivation principaux ?
- Sont-ils liés aux conditions de travail ?
- Aux opportunités d'évolution ?
- À la rémunération, aux bénéfices et avantages proposés ?
- À des raisons subjectives, émotionnelles ?
- Autres raisons ?

Comment pouvons-nous l'incentiver ?

- Quels sont les leviers possibles pour renforcer sa motivation ? Son engagement ?

4 → Pourquoi quitte-t-il l'entreprise ?

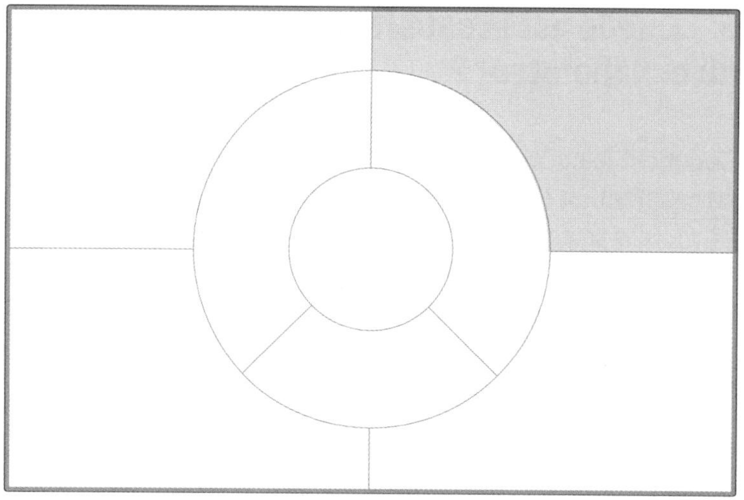

Quelles raisons poussent notre collaborateur à quitter l'entreprise lorsqu'il fait ce choix ?

L'entreprise a t-elle été informée en amont de sa volonté de partir ?

- Y a-t-il eu des signes avant-coureurs, avant qu'il ne prenne sa décision ? Des communications ?
- Si oui, comment avons-nous réagi ? Qu'avons-nous mis en place ?
- Si non, comment cela s'explique-t-il ?

Quel est l'impact de ce départ ?

EN INTERNE

- Le temps de préavis s'est-il bien déroulé ?
- La passation de compétence a-t-elle pu avoir lieu (quand nécessaire) ?
- Le poste est-il difficile à pourvoir ? Est-ce un process coûteux ?
- Le travail s'en trouve-t-il perturbé d'une façon ou d'une autre ?
- Quelle communication est faite, par le collaborateur et par l'entreprise, autour de ce départ ?

EN EXTERNE

- Quelle communication est faite, par le collaborateur et par l'entreprise, autour de ce départ ? Quel en est l'impact potentiel ?

Les questions du Canvas

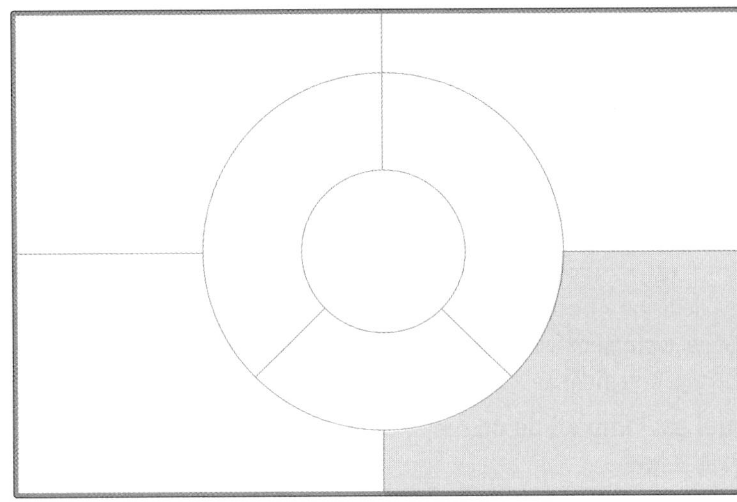

5 → Quelle est la satisfaction du collaborateur ?

Comment le collaborateur peut-il communiquer sa satisfaction ou son insatisfaction à son manager ?

- Y a-t-il des process clairs, formalisés ? Des process informels ?
- Les connaît-il ?
- Les utilise-t-il (si non, pourquoi) ?
- Le collaborateur reçoit-il du feedback ?
  Est-ce systématique ? Comment reçoit-il du feedback ?
  Quelles actions sont mises en place ?

Quel est le niveau de satisfaction parmi ce profil de collaborateurs ?

- Quel est le taux de collaborateurs satisfaits et très satisfaits ?
- Quel est le taux d'insatisfaction ?
- Quelles en sont les principales causes ?

Que dit-il à son manager de son expérience collaborateur ?

- Qu'apprécie t-il le plus/le moins dans son expérience ?
- Avons-nous des verbatims ?

6 → Quel est son avis ?

Dans cette question, on s'intéresse à l'avis exprimé par le collaborateur, en dehors des canaux internes, et à sa motivation pour jouer un rôle d'ambassadeur/de prescripteur.

Comment s'exprime-t-il sur l'entreprise ?

- Sur quels médias et supports s'exprime-t-il ?
- Quels sont les avis positifs ?
- Quels sont les avis négatifs ?

Recommande-t-il l'entreprise ?

- Recommande-t-il spontanément l'entreprise comme employeur ?
- Accepte-t-il de participer à des actions de cooptation ou de parrainage ?
- Accepte-t-il d'être ambassadeur de l'entreprise auprès de candidats potentiels ?

Comment soutient-il l'entreprise sur les réseaux sociaux ?

- Accepte-t-il de participer à des programmes d'employee advocacy ?
- Accepte-t-il spontanément de participer à la production de contenus marque employeur (interviews, témoignages, vidéos « home made »…)
- Est-il engagé sur les réseaux de l'entreprise ?

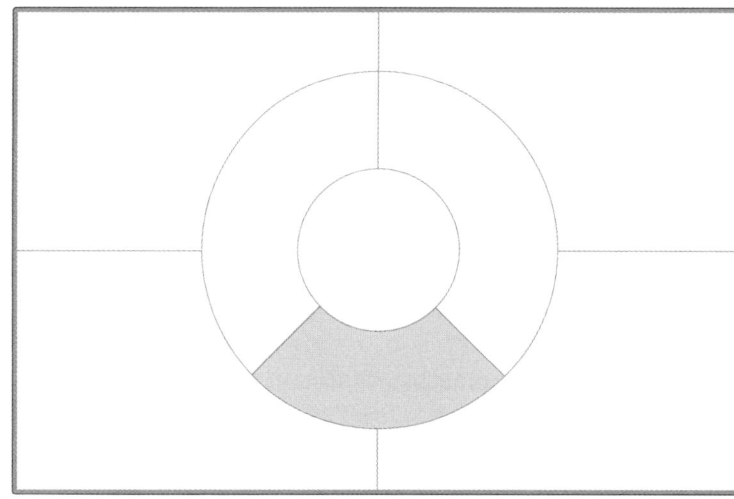

Quelle est sa valeur d'influence ?

- Quelle est son activité de communication positive ? (avis, témoignages, actions de communication…)
- Quelle est son activité de communication négative ?
- Joue-t-il un rôle dans l'attraction des talents ? (prescription, parrainage, employee advocacy…)

Les questions du Canvas

7 → Quelle proposition de valeur attend-il ?

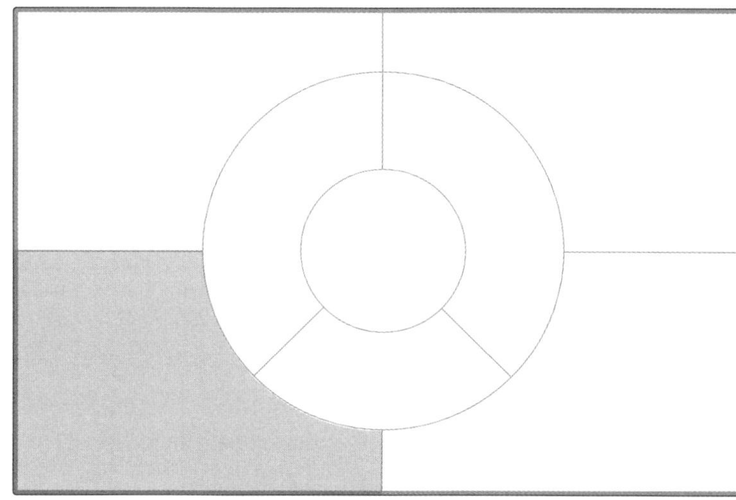

Quelles sont ses principales attentes en termes transactionnels ? *

- Salaire/Évolution/Formation/Mobilité/Sécurité/
- Équilibre vie professionnelle - vie personnelle/Congés/
- Challenges/Autre

Quelles sont ses principales attentes en termes relationnels ? *

- Confiance/Transparence/Autonomie/Bienveillance/ Possibilité d'être créatif/
- Possibilité de prendre des initiatives/Reconnaissance/Autre

Quelles sont ses principales attentes en termes sociétaux? *

- Politique RSE/Environnement/Engagements sociétaux/ Mécénat/Autre

* *non exhaustif*

La Vache Pourpre et son équipe construisent leur Canvas focus collaborateur

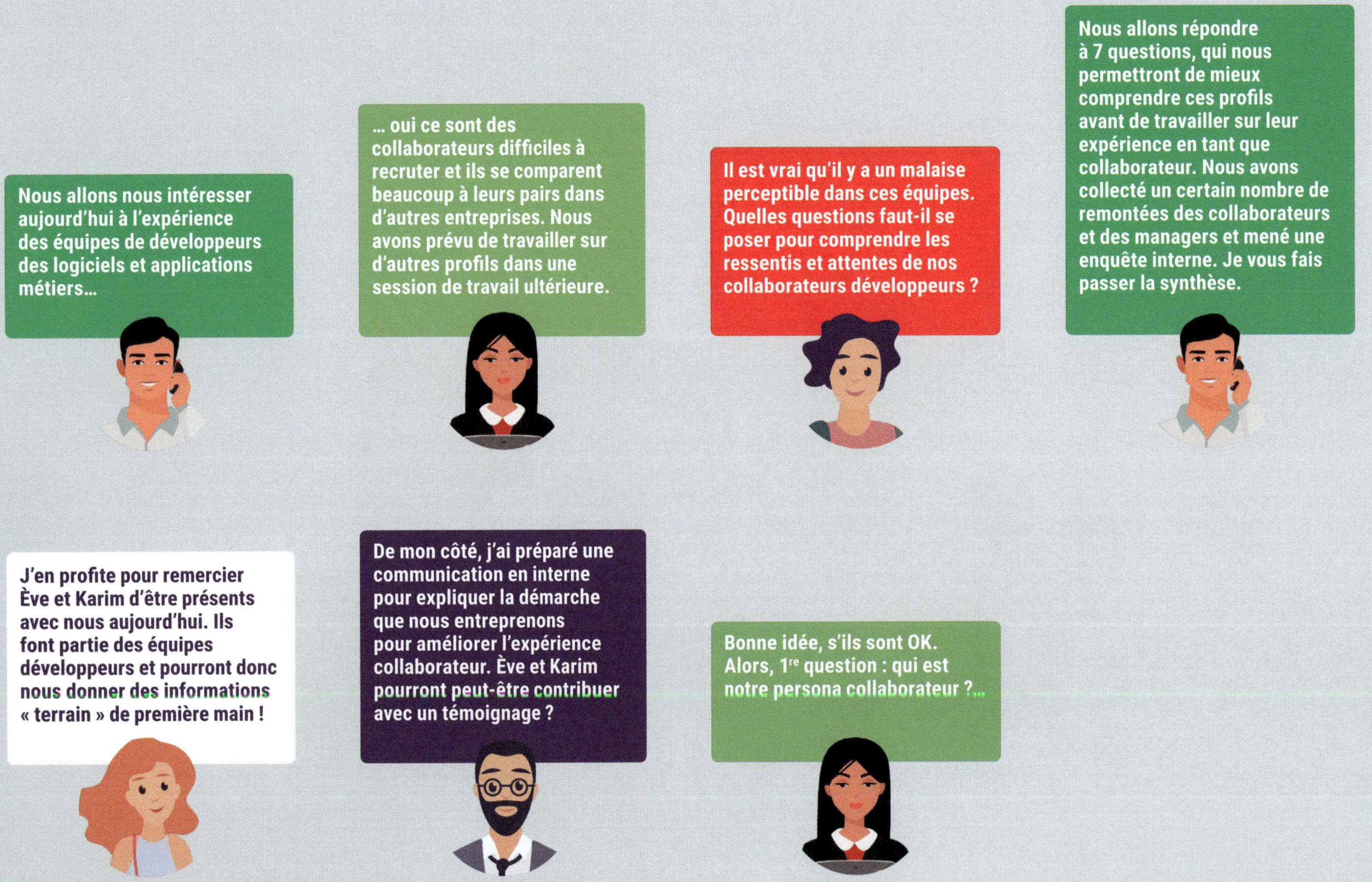

Melanie,
CEO
Barbara,
DRH
Amir,
responsable recrutement
Arthur,
responsable de communication
Lee,
responsable marketing
LA VACHE POURPRE
1 → Qui est notre persona collaborateur ?
25-35 ans
Bac + 5
La moitié en couple avec enfants
Paris ou remote (Bretagne)
Savoir-être : Autonomie, esprit…
…d'innovation, esprit analytique, proactif
Avec nous depuis 3 ans
Horaires 10 h / jour facile
Majorité hommes
Évolution postes de coordinateur…
…puis team leader
Maîtrise des langages PHP, SQL, JAVA
Respect des contraintes techniques
2 → Comment a-t-il rejoint l'entreprise ?
Alumni écoles partenaires
Bouche-à-oreille réseau
Glassdoor
1er emploi, parfois 2e
Processus recrutement rapide…
…rencontre équipe + manager
Raisons de rejoindre : challenge innovation…
…participation, autonomie…) / stratégie de LVP
…culture d'entreprise (valorisation collab.,…
3 → Qu'est-ce qui le motive à rester dans l'entreprise ?
Compétences, employabilité
Perspectives de dévelop-pement
Majorité reste par choix
Transparence choix stratégiques de LVP
Ambiance générale positive
Intérêt des missions, projets innovants
Valorisation des collab, reconnaissance
4 → Pourquoi quitte-t-il l'entreprise ?
Rythme de travail trop soutenu
Offre avec un salaire supérieur (chasse)
Possibilités d'évolution interne limitées
Covid-19 : certains ont très mal vécu le télétravail
Enquête interne 2020 globalement positive
Remontées terrain via entretiens annuels…
…feedback 360 (fonctionne bien…
… indicateurs surveillance en temps réel)
Taux satisfaits / très satisfaits : 82 %
Volontaires pour rencontrer les étudiants
« Les managers nous font confiance »
« En cas de litige client, LVP est derrière nous à 100 % »
5 → Quelle est sa satisfaction ?
6 → Quel est son avis ?
Avis Web (Glassdoor, Indeed) globa-lement bons
Partages Linkedin importants…
…fierté de faire partie de LVP
Campagne vidéo faite maison « 1 mn Pourpre »…
…a suscité 30 % de participation
Qqs avis néga-tifs : évoquent salaire + rythme travail
7 → Quelle proposition de valeur attend-il ?
Être force de proposition : s'en donner les moyens
Transparence ++ sur stratégie de l'entreprise, être impliqué
Plus de souplesse sur le temps de travail…
…augmenter les équipes
Engagement pour l'environ-nement :…
…politique énergétique, économies de papier,…
…food locale, vélos électriques, covoiturage

Le parcours collaborateur

Comment est construit le parcours collaborateur ?

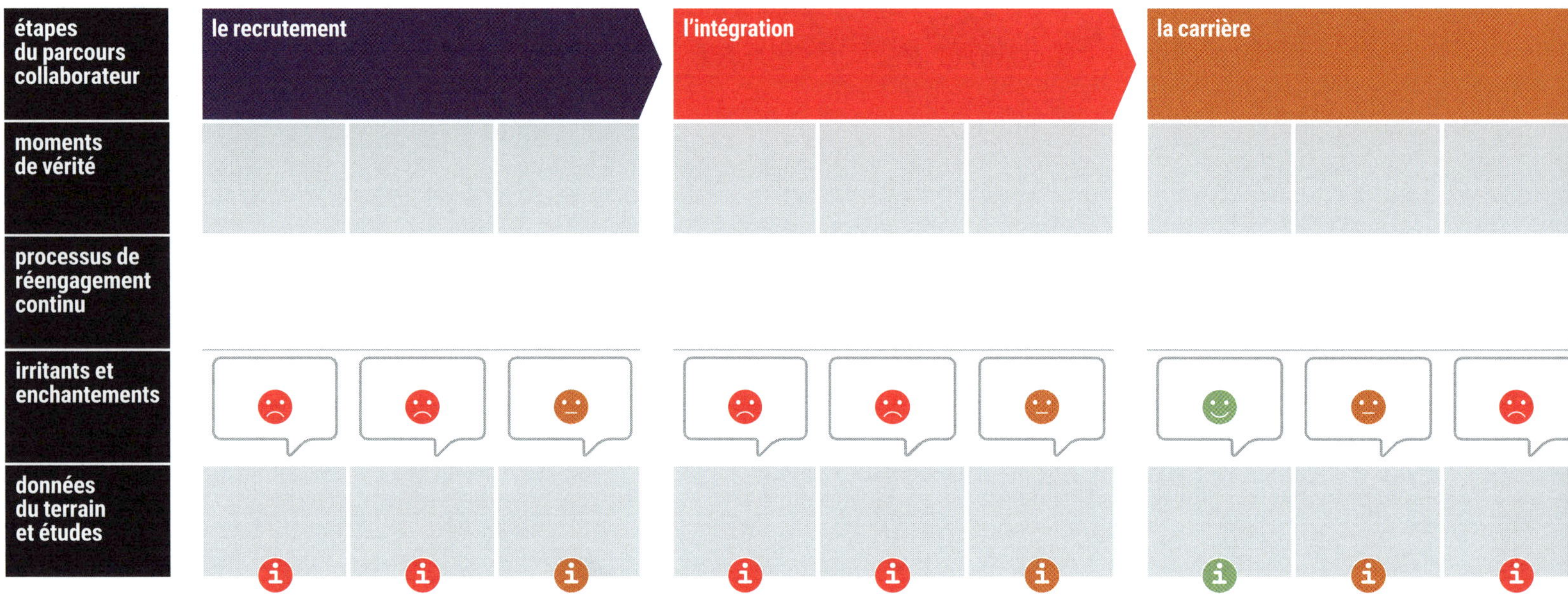

Le parcours collaborateur s'analyse sur 5 niveaux :

- les étapes du parcours collaborateur
- les moments de vérité
- les processus de réengagement
- les irritants et enchantements
- les données du terrain et enquêtes

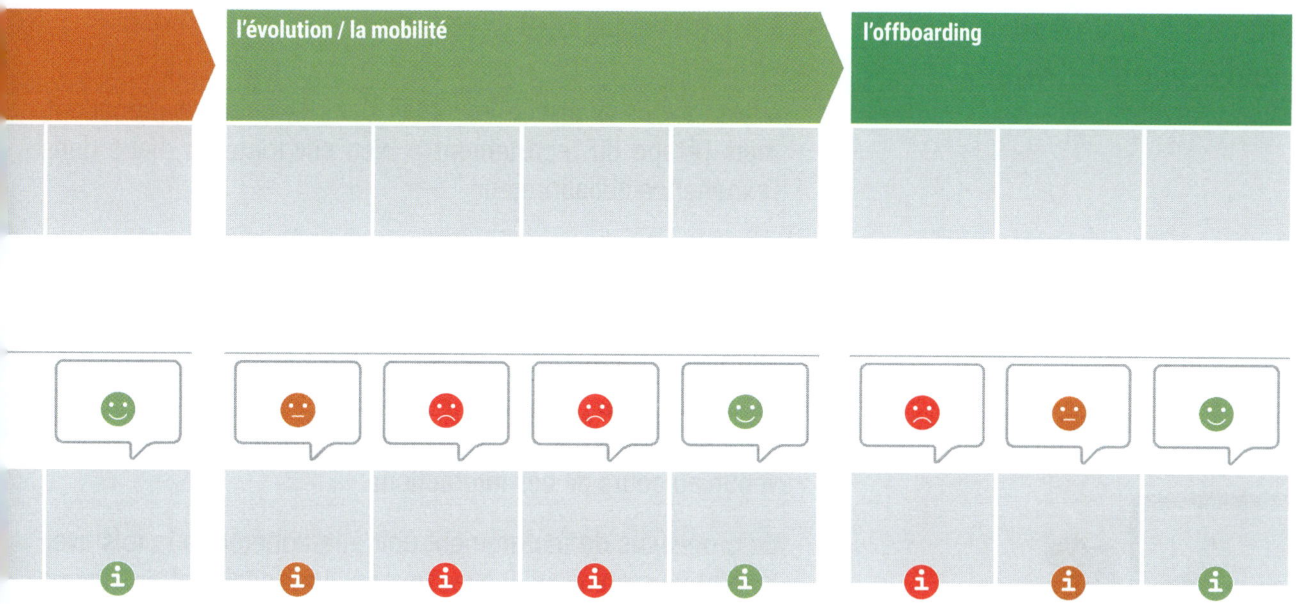

Nous avons représenté les étapes du parcours par des flèches. Cela ne veut pas dire pour autant qu'elles s'enchaînent dans un ordre chronologique immuable. Dans la réalité, toutes les étapes n'ont pas nécessairement lieu. Certaines peuvent être vécues en parallèle. Si besoin, sentez-vous libre d'adapter l'ordre des étapes à la réalité de votre persona.

Niveau 1 Les 5 étapes du parcours

Nous identifions 5 phases « macro » dans tout cycle de vie d'un collaborateur.

La phase de recrutement

Nous l'avons analysée en détail dans le chapitre précédent, mais l'étape du recrutement a bien sûr toute sa place dans l'expérience collaborateur.

Le processus de recrutement (externe) constitue souvent le premier contact du candidat avec l'entreprise. Le candidat a pu en amont se faire une idée de l'entreprise et de la marque, via des articles, des vidéos, des témoignages collaborateurs. La rencontre avec l'entreprise porte un enjeu fort de congruence entre le discours et l'image perçus et la réalité de l'expérience vécue au cours de ces interactions.

Le processus de recrutement doit être cohérent à la fois avec la marque employeur et avec l'expérience collaborateur. Ce que vit le candidat doit refléter fidèlement ce qu'il vivra s'il intègre l'entreprise, pour éviter les déceptions et départs prématurés.

Il doit également répondre aux attentes et aux besoins des candidats afin de les garder motivés et engagés tout au long du parcours.

La phase d'intégration / onboarding

Il s'agit de la phase d'intégration dans l'entreprise. Elle peut commencer très en amont **avec le pré-onboarding,** c'est-à-dire ce qui se passe avant l'arrivée dans l'entreprise (rencontre du manager, rencontre de l'équipe, annonce de l'arrivée du collaborateur en interne, préparation des outils et du poste de travail, informations...)

Elle concerne ensuite tout ce qui se passe à l'arrivée du collaborateur dans l'entreprise (accueil, présentation de l'entreprise et des équipes, kit d'onboarding, programme de parrainage, rapport d'étonnement, etc.)

Chaque entreprise définit où s'arrête la phase d'intégration. Souvent c'est à J + 1 mois, ou J + 3 mois, lorsqu'une réunion est organisée pour faire un 1er bilan et des échanges de feedbacks avec le manager. Cela peut être aussi au renouvellement de la période d'essai, ou encore à la confirmation du CDI.

L'analyse de cette phase permet **d'optimiser son intégration dans l'entreprise, donc de s'assurer qu'il est à la bonne place et qu'il va rester,** même s'il n'est pas encore pleinement confortable dans cet environnement nouveau.

La phase de carrière

Ici, le collaborateur a terminé la phase d'intégration. Il maîtrise son environnement, les outils à sa disposition. Il est capable de relever les challenges, de prendre en charge les nouveaux projets, il sent qu'il fait partie de l'entreprise, il a fait sa place.

Dans cette phase, il est question de process au quotidien, d'environnement de travail, de cohésion d'équipe, d'état d'esprit, de facilitation, de management, d'outils de travail... L'expérience collaborateur résulte de ce qu'il vit au quotidien dans l'entreprise.

L'analyse de cette phase a pour objectif de **fidéliser le collaborateur** en appuyant sur les leviers de motivation.

Niveau 1 Les 5 étapes du parcours

La phase d'évolution/de mobilité

Lorsque le collaborateur a fait ses preuves, qu'il s'est bien intégré et a « fait le tour » de sa fonction, il va naturellement se projeter pour progresser, évoluer, monter en compétence. L'organisation a un rôle à jouer dans cette évolution. Les propositions faites aux collaborateurs sont importantes pour le fidéliser et l'engager.

Il est question ici de gestion des compétences et de plan de carrière, de formation, de mobilité interne également, bref, de tout ce que l'entreprise peut mettre en place pour faire progresser le collaborateur et valoriser son employabilité.

L'analyse de cette phase a pour objectif de **fidéliser et motiver le collaborateur** en lui apportant de la valeur ajoutée pour son parcours professionnel.

La phase d'offboarding (ou de départ)

Il s'agit du moment où le collaborateur quitte l'entreprise. Que ce soit parce qu'il part à la retraite, parce qu'il choisit de partir, parce qu'il est invité à partir, le collaborateur vit un moment important pour lui et pour la suite de son parcours. Ce moment est important aussi pour les autres collaborateurs qui seront impactés par la qualité de ce départ. Il est donc crucial que l'entreprise rende cette phase la plus fluide possible et accompagne le collaborateur dans son départ.

Elle veillera par exemple à :

- organiser un entretien de départ ;
- annoncer ce départ au bon moment, afin de maîtriser l'impact de cette annonce ;
- anticiper la durée du préavis, pour lancer un recrutement lorsque c'est nécessaire et permettre une passation des connaissances ;
- accompagner le collaborateur le jour du départ pour lui dire au revoir ;
- garder contact avec l'ex-collaborateur, voire organiser un groupe d'alumni.

L'analyse de cette phase a pour objectif **d'assurer la cohérence de l'expérience collaborateur** du début à la fin et de renforcer la marque employeur de l'entreprise.

Niveau 2 Les moments de vérité

Les moments de vérité de l'expérience collaborateur, ce sont les principales interactions du collaborateur avec l'entreprise, celles qui façonnent et colorent véritablement son expérience. Celles qui sont tellement importantes qu'elles prennent le pas sur les autres.

Le moyen le plus sûr d'identifier les moments de vérité, **c'est d'interroger les collaborateurs eux-mêmes** pour qu'ils vous disent ce qui leur paraît le plus important dans leurs interactions avec l'entreprise. À défaut d'interroger les collaborateurs, tournez-vous vers leurs managers directs. Ils sauront très probablement où se logent les principaux irritants et enchantements de la relation collaborateur/entreprise.

Cependant, dans chaque phase étudiée, il est des moments de vérité qui ont une forte probabilité d'être identifiés comme tels. C'est pourquoi nous vous les indiquons, à titre d'exemple. Gardez en tête qu'ils ne sont ni systématiques, ni exhaustifs.

?

COMMENT UTILISER LA MATRICE ?

Identifier les principaux moments de vérité à l'intérieur de chaque phase du parcours du collaborateur.

PHASE	EXEMPLES DE MOMENTS DE VÉRITÉ	
LE RECRUTEMENT	• La prise de connaissance de la fiche de poste • L'envoi de candidature/participation à un assessment center • L'entretien d'embauche • La réception de la réponse	
L'INTÉGRATION / ONBOARDING	• Pré-onboarding • Remise du kit d'onboarding • Prise en main outils IT • Onboarding RH • Rencontre avec l'équipe • Formation	• 1re rencontre avec son manager • Programme de mentoring • J + 3 mois : 1er bilan, feedback • Renouvellement de la période d'essai • Confirmation du CDI
LA CARRIÈRE	• Évaluation(s) annuelle(s) • Communication des objectifs annuels • Entretiens de feedback (je donne et/ou je reçois du feedback)	• Réception prime annuelle/augmentation • Paye mensuelle • Summer party • Réunions d'équipe
L'ÉVOLUTION / LA MOBILITÉ	• Demande de formation • Bilan de compétences • Plan de formation • Accès à la plateforme de MOOC • Programme hauts potentiels • Accueil dans un nouveau poste (mobilité interne)	
L'OFFBOARDING (OU LE DÉPART)	• Entretien de départ • Phase de préavis • Jour du départ	

Niveau 3 Le processus de réengagement continu

Nous avons ajouté ce niveau à la matrice du parcours collaborateur pour qu'en travaillant sur le parcours, vous ayez en permanence à l'esprit que la priorité des RH est de générer de l'engagement chez les collaborateurs, encore et toujours, à toutes les étapes de leur cycle de vie dans l'entreprise.

À chaque étape, demandez-vous si les process mis en place favorisent l'arrivée et la rétention des collaborateurs les plus engagés...

?

COMMENT UTILISER LA MATRICE ?

Sur ce niveau, ne cherchez pas à trouver quelque chose à dire à chaque étape. Certaines étapes resteront vides.

Pour certaines étapes, vous identifierez facilement les actions que vous pouvez mettre en place pour :

- supprimer les sources de désengagement, ou
- renouveler l'engagement des collaborateurs.

Ce niveau vous sert donc simplement à garder en tête que l'engagement est l'objectif n°1 des RH.

À chaque étape, demandez-vous si les process mis en place favorisent l'arrivée et la rétention des collaborateurs les plus engagés…

- importance donnée au sujet dans le process d'assessment
- rémunération attractive
- feedback régulier, expression de la reconnaissance, mise en avant des collaborateurs
- culture de collaboration et d'émulation positive…

… ou même, si vous pouvez mettre en place des process qui permettent aux collaborateurs les moins engagés de partir

- politique d'indemnité de départ
- feedback régulier, 360, honnête
- sensibilisation des managers sur le sujet engagement/désengagement…

Niveau 4 Les irritants et les enchantements

L'objectif du niveau 4 est d'identifier, pour chaque moment de vérité, **les irritants et les enchantements.**

Irritant : ce qui provoque une irritation, une insatisfaction chez le collaborateur lorsqu'il vit le moment de vérité. Peu importe si le résultat du moment de vérité est positif ou négatif. Au final, l'irritant va induire une insatisfaction globale chez le collaborateur et provoquer à court ou long terme, surtout s'il se répète, une baisse de motivation et/ou une perte de sens.

Exemple : on m'annonce que mon CDD est renouvelé.

En soi, c'est plutôt une bonne nouvelle. Cela peut être même très positif si l'on m'avait annoncé dès le départ que, quelle que soit la qualité de mon travail, le CDD serait renouvelé une fois. Et qu'on prend le temps de faire avec moi le bilan de cette première période.

Cela peut être irritant si l'on ne m'avait pas préparé à la possibilité que le CDD soit renouvelé une fois. Si on me l'annonce sans explication ni commentaire et sans prendre le temps de me faire un retour sur cette première période passée dans l'entreprise, je ressens un manque de reconnaissance, je ne me sens pas respecté.

?

COMMENT UTILISER LA MATRICE ?

Analysez en détail chaque moment de vérité :

- Qu'est-ce qui est prévu, quel process a été mis en place ?
- Dans les faits, comment se déroule-t-il ?
- Comment est-il vécu par les collaborateurs ?

Faites une analyse en 2 temps :

- les faits (ce qui est proposé et ce qui est mis en place dans la réalité)
- les ressentis (comment les moments de vérité sont-ils vécus par le collaborateur)

Si vous en avez, ajoutez des verbatims de vos collaborateurs.

Enchantement : ce qui provoque un sentiment de satisfaction, de sécurité intérieure, et parfois même un effet waouh chez le collaborateur. Il peut arriver que le résultat du moment de vérité ne soit pas complètement positif pour le collaborateur, mais qu'il en retire malgré tout de la satisfaction. C'est parce que l'enchantement fait que ce moment est bien vécu par le collaborateur.

Exemple : on m'annonce que mon CDD n'est pas renouvelé.

En soi, c'est plutôt une mauvaise nouvelle. Cela peut même être très mal vécu si rien, jusque-là, ne m'y avait préparé : pas de signaux, pas de communication en ce sens. Une décision que je ne comprends pas.

Pourtant, cela peut constituer un moment positif pour le collaborateur si l'on y place la notion d'enchantement. Par exemple: j'ai reçu régulièrement des signaux clairs de la part de mon manager. J'ai reçu le soutien et les ressources nécessaires pour réussir à mon poste. Le feedback me permet de comprendre pour quelles raisons mon CDD n'est pas renouvelé. On me demande mon feedback à moi aussi. Je reçois des informations qui me permettent d'en savoir plus sur moi-même et sur le type d'environnement qui me convient.

Lorsque vous avez passé en revue les irritants et les enchantements d'un moment de vérité, faites le « bilan émotionnel » en posant un emoji :

Ce moment est vécu positivement, le collaborateur est globalement satisfait

Ce moment est vécu de façon neutre, pas d'irritant majeur, mais pas non plus de véritable satisfaction

Ce moment est mal vécu, le collaborateur est globalement insatisfait

Niveau 5 Les données du terrain et études

Quand il s'agit d'analyser un moment de vérité, de décrire comment il se déroule dans les faits, et d'identifier les irritants ou les enchantements que provoque ce processus, on voit vite poindre **l'écueil de suivre exclusivement un ressenti subjectif, ressenti** que peuvent influencer par ailleurs quantité de paramètres sur lesquels l'entreprise n'a pas de prise.

Par exemple, le collaborateur a perdu son chat le jour de son arrivée, il a mal vécu cette journée. Quelle place occupe le stress dû à la perte du chat dans ce ressenti ?

Il faut en tout état de cause éviter d'évaluer la qualité d'un moment de vérité sur le ressenti d'un ou de quelques participants qui parleraient plus fort que les autres, parce que plus enthousiastes, plus critiques, ou plus exigeants.

?

COMMENT UTILISER LA MATRICE ?

Pour chaque moment de vérité, identifiez les données terrain et/ou les études qui apportent de la donnée « objective ». Notez leur référence, elles sont des sources d'informations précieuses.

Une même source terrain ou une même enquête peut apporter de la matière à plusieurs moments de vérité différents.

C'est pour cette raison qu'en travaillant sur le parcours collaborateur vous prendrez soin de séparer les faits objectifs (comment se déroule effectivement le moment de vérité, selon quel processus, avec quels outils...) du ressenti du collaborateur.

Les remontées terrain vous permettent de faire reposer l'analyse du moment de vérité sur un corpus de données qui reflètent généralement un ressenti collectif. Il s'agit notamment de :

- commentaires sur LinkedIn et autres réseaux sociaux
- avis et commentaires sur Glasdoor et sur les jobboards
- verbatims collectés par les managers terrain

Les enquêtes vous apportent également des informations précieuses, collectives et fiables si elles sont bien faites. Il s'agit notamment de :

- enquêtes internes, sondages
- données collectées via des applis ou autres outils de mesure de l'ambiance interne
- enquêtes réalisées par un cabinet extérieur à l'entreprise

Retrouvons La Vache Pourpre et son équipe dans la construction de leur parcours collaborateur

Passons au parcours du collaborateur. Je pense que notre process de recrutement est correct, mais là il faut rentrer dans une phase d'excellence pour être plus attractifs.

Effectivement, jusque-là nous étions plutôt satisfaits parce que nos managers sont bons en recrutement, mais depuis trois mois, seul 1 candidat sur 2 accepte notre proposition d'embauche ! Il faut passer au crible les moments clés du processus qui vont forger l'opinion du candidat sur La Vache Pourpre.

Ces interactions vécues par les candidats sont des « moments de vérité » entre le candidat et La Vache Pourpre, des moments très importants qu'il ne faut pas louper si on veut améliorer notre taux de recrutement, car il ne faut pas oublier que notre notoriété est encore faible sur le marché.

Concernant le recrutement, on demande à presque tous les candidats leur retour sur ce qu'ils ont vécu, même si le candidat ne nous rejoint pas. Donc on a une idée des moments de vérité.

J'ai vu la synthèse que tu as partagée. Il y a 3 moments de vérité qui ressortent : la rencontre avec l'équipe, la présentation de l'entreprise, le retour à la fin du processus.

On n'a demandé leur retour qu'à 70% des candidats, et ils n'ont été que la moitié à répondre. Il faut le faire systématiquement si nous voulons réellement progresser !

Analysons cette étape de recrutement pour comprendre ce qui se passe réellement pour le candidat, puis nous travaillerons sur les autres phases de l'expérience collaborateur.

Melanie, CEO — **Barbara,** DRH — **Amir,** responsable recrutement — **Emma,** responsable commerciale — **Lee,** responsable marketing

LA VACHE POURPRE

étapes du parcours collaborateur	Le recrutement			L'intégration			
moments de vérité	• Rencontre avec l'équipe	• Visite et présentation de l'entreprise	• Retour fait au / du candidat	• Kit onboarding	• Programme mentor	• Renouvellement période d'essai	• Kultur' LVP - le jeu
processus de réengagement continu	• L'équipe participe au process de recrutement + à la décision • Cooptation pour les postes rares (avec incentive)			• Forte valorisation du rôle de mentor • Feedback 360 pour valider intégration à la culture d'entreprise • Période d'essai pas renouvelée systématiquement			
irritants et enchantements	Systématique Process très clair, ludique Temps 🙂	On n'a pas remplacé ça depuis crise de la Covid 🙁	Manque 25 % des réponses Délai max 3 semaines pas tjs tenu 🙁	Génère plein de posts sur les réseaux sociaux 🙂	Régularité des rencontres pas au top + process 😐	Attention process pas transparent pas clair 🙁	Excellents retours, cohésion 🙂
données du terrain et études	• Enquête interne 2020 • Synthèse Data Recrutement			• Enquête interne 2020 • Synthèse Data Intégration • Réseaux sociaux #WelcomeLVP #ProudLVP			

Retrouvons La Vache Pourpre et son équipe dans la construction de leur parcours collaborateur

étapes du parcours collaborateur	La carrière				L'évolution / la mobilité			
moments de vérité	• Évaluation annuelle	• Événement LVP annuel	• Prime annuelle	• Réunions d'équipe	• Demande formation	• PFO MOOC	• Plan de formation	• Prise nouveau poste
processus de réengagement continu	• Feedback 360 régulier/valorisation critique positive • Valorisation autonomie, propositions • Émulation/challenges • Départs possibles avec prime importante (méthode Netflix)				• Évaluation avec managers à chaque étape d'évolution, référentiel d'évaluation ++			
irritants et enchantements	Très complet, reconnaissance, process clair, participation de l'équipe	2020 programme online n'a pas suscité adhésion	Évaluation opaque, insatisfactions, retours négatifs	Chaque semaine, mode projet, très efficace	OK mais très administratif et lent	Le cordonnier mal chaussé !	Proposition et suivi insuffisants	Formation, rencontre équipe, accueil
données du terrain et études	• Retours managers	• Enquête com	• Retours managers	• Enquête RH 2020	• Enquête RH 2020 • Retours terrain			

LA VACHE POURPRE

L'offboarding		
• Entretien de départ	• Jour du départ	• Club alumni

• Notre devise : se quitter bons amis

Process pas respecté en 2020 !	Accompagnement pas top en période Covid	Taux participation ++
• Enquête RH 2020 • Retours terrain		• Enquête alumni 2019 • Trafic pages alumni

La matrice d'enchantement collaborateur

Comprendre la matrice d'enchantement collaborateur et ses composantes

Étapes du parcours collaborateur	Le recrutement			L'intégration				La carrière	
moments de vérité									
actions à mener	actions 1	actions 2	actions 3	actions 1	actions 2	actions 3	actions 4	actions 1	actions 2
indicateurs	indicateurs 1	indicateurs 2	indicateurs 3	indicateurs 1	indicateurs 2	indicateurs 3	indicateurs 4	indicateurs 1	indicateur
organisations	organisations 1	organisations 2	organisations 3	organisations 1	organisations 2	organisations 3	organisations 4	organisations 1	organisati 2
outils et supports	outils et supports 1	outils et supports 2	outils et supports 3	outils et supports 1	outils et supports 2	outils et supports 3	outils et supports 4	outils et supports 1	outils et supports

La matrice d'enchantement collaborateur comporte 4 niveaux :

- les actions à mener
- les indicateurs
- l'organisation
- les supports et outils

		L'évolution / la mobilité			L'offboarding			
actions 3	actions 4	actions 1	actions 2	actions 3	actions 1	actions 2	actions 3	actions 4
indicateurs 3	indicateurs 4	indicateurs 1	indicateurs 2	indicateurs 3	indicateurs 1	indicateurs 2	indicateurs 3	indicateurs 4
organisations 3	organisations 4	organisations 1	organisations 2	organisations 3	organisations 1	organisations 2	organisations 3	organisations 4
outils et supports 3	outils et supports 4	outils et supports 1	outils et supports 2	outils et supports 3	outils et supports 1	outils et supports 2	outils et supports 3	outils et supports 4

Niveau 1 Actions à mener

La méthodologie proposée ici repose **sur une approche systémique** du parcours collaborateur et des actions d'amélioration de l'expérience vécue au cours de ce parcours.

Rappelons qu'au moment de regarder quelles actions peuvent être mises en place pour améliorer l'expérience collaborateur, il est indispensable **d'impliquer autant que possible les équipes opérationnelles, mais aussi leurs managers** et les différentes parties prenantes du moment de vérité.

Travailler sur l'expérience collaborateur nécessite de prendre en compte l'ensemble des parties prenantes, leurs objectifs et leurs contraintes, afin de comprendre le vécu du collaborateur et **de proposer des actions de correction réalisables.**

Si vous ne pouvez pas faire réfléchir les personnes impliquées dans le moment de vérité ensemble au même moment, montrez-leur vos propositions et vos réflexions afin de recueillir leurs retours et leurs inputs.

Supprimer les irritants, mettre en place des enchantements

Pour les moments de vérité qui n'apportent pas satisfaction au collaborateur (emojis orange ou rouge), réfléchissez aux moyens que vous avez **de supprimer les irritants :**

- Vous les avez identifiés dans la 2e étape du travail
- Qu'est-il possible de faire pour les supprimer ?

Pour les moments de vérité dont l'enjeu est particulièrement fort, allez plus loin : proposez des moyens **pour enchanter ce moment.**

Enchanter, c'est souvent remettre du sens dans le moment de vérité en question. Quand vous recherchez des moyens d'enchantements, revenez :

- **aux valeurs de votre entreprise.** Demandez-vous si elles sont incarnées dans le moment de vérité sur lequel vous travaillez ? Comment pouvez-vous faire en sorte qu'elles soient vécues par le collaborateur dans ce moment-là ?
- aux 5 dimensions de l'expéri ence collaborateur *(voir p. 230)*. Demandez-vous si les 5 dimensions sont suffisamment prises en compte dans ce qui est proposé au collaborateur.

Les moments de vérité qui apportent satisfaction (emoji vert)

... ne nécessitent pas de changement. C'est pourquoi tous les moments de vérité ne donnent pas lieu à des actions. Ils peuvent en revanche servir de source d'inspiration, être dupliqués quand c'est utile.

Niveau 2 Indicateurs

On a vu page 238 que mesurer l'expérience collaborateur est un processus important et complexe. Les mesures qualitatives jouent un rôle important, autant que les mesures quantitatives.

Dans la matrice d'enchantement, il ne s'agit pas de mesurer l'expérience collaborateur au sens large, mais bien de mesurer l'impact de chacune des actions que vous allez mettre en place. Vous identifiez en effet des actions qui vont impliquer chacune un investissement, plus ou moins important.

Il importe d'être capable de mesurer l'effet de vos actions sur la qualité du moment de vérité et leur efficacité. Et pour cela, d'établir des indicateurs de mesure ou **Key Performance Indicators (KPIs)** pour chaque action, qui sont **des indicateurs chiffrés.**

1 → Mesurer pour évaluer

Attribuer un KPI à une action vous permettra de voir si votre objectif a été atteint ou non.

2 → Prioriser ce qui est important

Il y a des actions qui sont plus importantes que d'autres. La nature même des KPIs vous permet de vous rendre compte de l'importance de l'action mise en place (ex. : un taux de turnover vs un taux de consultation).

Toutes les informations ne peuvent pas être facilement mesurées et collectées. Ne retenez que les KPIs les plus significatifs et ceux qui pourront être collectés sans trop d'efforts de la part des personnes impliquées, en fonction du système de data mis en place dans votre entreprise. Les mesures quali apportent de l'information supplémentaire pour analyser ces KPIs.

Vos indicateurs peuvent varier selon les profils de collaborateurs, la phase du parcours collaborateur, vos priorités, votre organisation. Cependant vos KPIs doivent toujours avoir pour objectifs **de mesurer l'élimination des irritants et la progression de la satisfaction du collaborateur** dans son parcours. Par exemple :

Recrutement

Je veux que les meilleurs candidats aient envie de nous rejoindre

EXEMPLE DE KPIS

- nombre de candidatures reçues
- temps de recherche
- taux d'abandon du parcours candidat
- durée du parcours candidat
- Qualité du retour candidat...

Intégration

Je veux que le collaborateur reste dans l'entreprise après sa période d'essai

EXEMPLE DE KPIS

- taux de kits d'onboarding distribués
- taux d'entretiens bilan J + 3 mois réalisés
- taux de rupture de la période d'essai...

Carrière

Je veux que le collaborateur reste fidèle à l'entreprise

EXEMPLE DE KPIS

- taux de réclamations au moment de la paye
- taux de participation à la convention annuelle
- taux d'absentéisme
- taux de satisfaction enquête interne annuelle...

Évolution

Je veux que le collaborateur soit engagé et motivé

EXEMPLE DE KPIS

- taux de mobilité interne
- nombre de demandes de formation
- taux de demandes de formation approuvées
- taux d'utilisation de la plateforme MOOC...

Offboarding

Je veux une expérience collaborateur sans couture

EXEMPLE DE KPIS

- nombre d'entretiens de départ réalisés
- nombre de pots de départ réalisés
- taux d'anciens collaborateurs / stagiaires qui rejoignent les alumni
- taux d'engagement des alumni dans l'association...

Niveau 3 › Niveau 4

Organisations, supports et outils

Organisations

Aligner des équipesde domaines différents peut être compliqué... mais c'est efficace !

En travaillant et en approfondissant les moments de vérité du collaborateur, vous allez identifier quelles équipes interviennent à quel moment, de quelle manière.

Impliquer ces équipes dans le travail d'amélioration de l'expérience collaborateur :

- va vous faire gagner beaucoup de temps
- va vous donner les moyens d'être efficace

Lorsque vous identifiez les actions à mettre en place, **indiquez dans la ligne 3 de la matrice quelles sont les équipes impliquées (RH, communication, SI, sécurité etc.) et qui est le responsable**. Ainsi vous déclenchez une mise en mouvement et vous impliquez les équipes autour de la poursuite d'un objectif commun.

Supports et outils

Sur cette ligne, indiquez les outils sur ou avec lesquels vous allez devoir travailler pour améliorer chaque moment de vérité.

Il peut s'agir :

- d'outils de communication interne ou externe
- d'outils de marketing
- d'outils de gestion des tâches, gestion du temps, gestion du travail
- d'outils spécifiques métiers
- d'outils spécifiquement RH (suivi et gestion des salariés/ développement des compétences/ amélioration de la QVT/ accompagnement de la mobilité)

Ce que vous avez à faire dépendra des irritants identifiés. Dans certains cas, il sera nécessaire de revoir un process et d'adapter un outil aux usages et aux besoins des collaborateurs, à la réalité de leurs tâches. Parfois, il s'agira d'améliorer la qualité d'usage de l'outil - lorsque c'est possible. Il pourra être nécessaire de remplacer un outil par un autre, ou d'acquérir un nouvel outil là où un process a besoin d'être simplifié ou fluidifié.

Tester, enrichir et faire évoluer la compréhension du parcours collaborateur

Le Canvas focus collaborateur et la matrice d'enchantement sont des outils pratiques et faciles à utiliser. Leur format quasi ludique permet d'aborder et d'amorcer rapidement des changements dans l'expérience collaborateur.

Différentes études et sources d'information viennent compléter ce premier jet. Les études internes d'abord, que vous aurez idéalement rassemblées en amont de votre démarche, avant de commencer à travailler sur le Canvas.

Les études de marché ou les benchmarks concurrence peuvent également vous apporter de l'information sur ce qu'attendent les collaborateurs, dans votre secteur, voire en général.

Les remontées terrain des managers et des équipes sont bien sûr indispensables pour affiner en permanence votre compréhension du parcours candidat.

La matrice d'enchantement n'est pas figée. **L'expérience collaborateur est une expérience vivante, elle ne cesse d'évoluer,** avec l'apparition de nouvelles offres, de nouveaux services, de nouveaux outils… et de nouveaux collaborateurs.

Les changements sociétaux, et les crises (comme celle de la Covid-19) influencent également les attentes et les comportements des collaborateurs. **Il est donc essentiel de se donner des points de réévaluation réguliers.**

Il importe de ne pas se reposer sur ses lauriers, de rester à l'écoute de l'interne, d'être ouvert aux feedbacks et attentif à l'arrivée de nouvelles aspirations.

Restez à l'écoute du terrain, sans en faire trop non plus. **Utilisez la data collectée, apportez des réponses aux collaborateurs,** montrez-leur que leurs demandes et leurs retours sont utiles et qu'ils génèrent du changement, des prises de conscience, des évolutions. Évitez la surpromesse, délétère pour la motivation. Restez réaliste et actif.

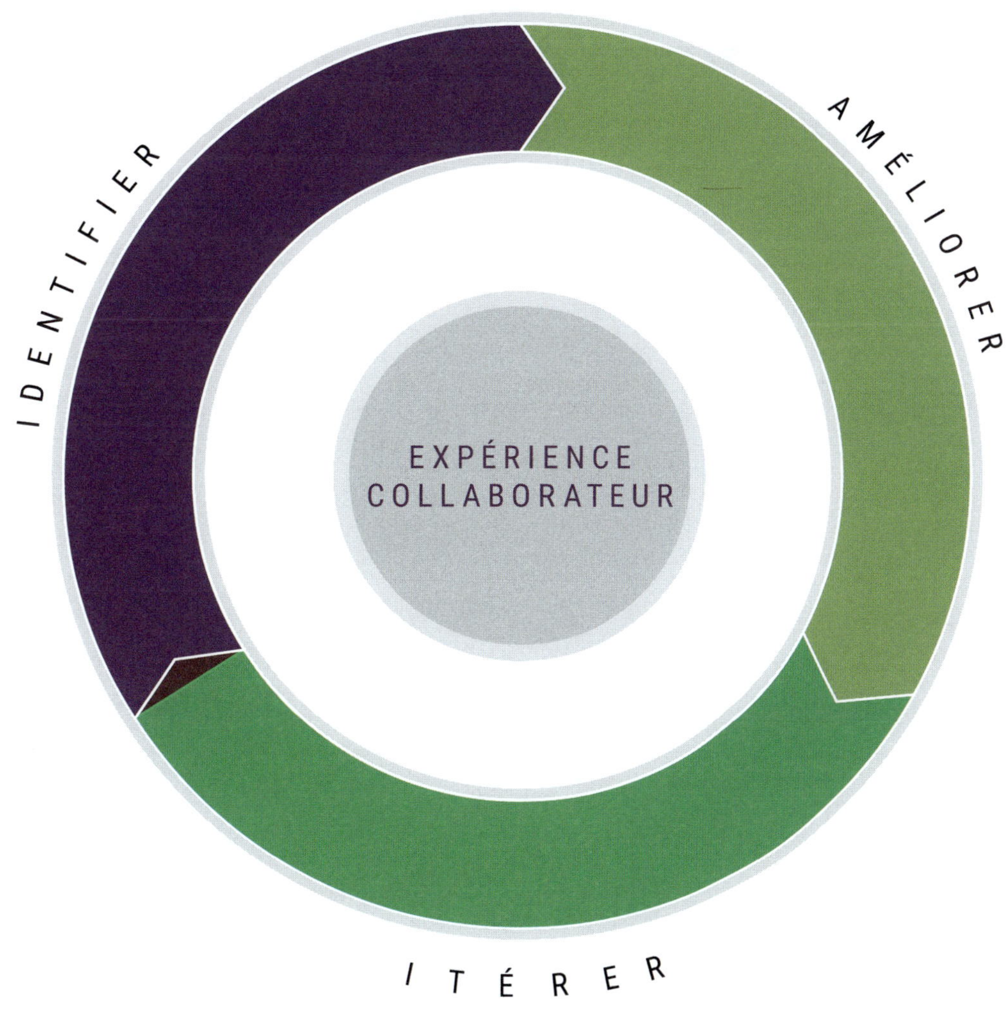
IDENTIFIER
AMÉLIORER
ITÉRER
EXPÉRIENCE COLLABORATEUR

La Vache Pourpre et son équipe construisent leur matrice d'enchantement des collaborateurs

Étapes du parcours collaborateur	Le recrutement			L'intégration			
moments de vérité	• Rencontre avec l'équipe	• Visite et présentation de l'entreprise	• Retour fait au / du candidat	• Kit onboarding	• Programme mentor	• Renouvellement période d'essai	• Kultur' LVP - Le jeu
actions à mener		• Le faire systématiquement pour tous • Avoir des équipes dispos • Proposer une visite virtuelle	• Préciser le délai et le format du retour • Remettre aux candidats un rapport sur leurs compétences savoir-être ?		• Le faire systématiquement pour tous • Avoir des équipes dispos • Mettre en avant le rôle de mentor	• Clarifier le process • Communiquer avec le collaborateur	
indicateurs		• Taux de visites réalisées	• Taux de réponses envoyées • Délai de réponse		• Taux de mentoring des nouveaux collaborateurs	• À identifier avec les managers	
organisations		• Amir	• Amir		• Barbara	• Barbara	
outils et supports		• Voir SI pour visite virtuelle	• ATS • Outil de recrutement évaluant savoir-être		• Logiciel gestion RH	• À préciser	

La carrière			
• Évaluation annuelle	• Événement LVP annuel	• Prime annuelle	• Réunions d'équipe
	• Commencer l'organisation + tôt • Augmenter l'équipe projet • Faire sondage interne	• Mettre à plat système de prime et évaluation • Plan de communication • Mettre en place également un système de prime collective	
	• Taux de participation • Taux de satisfaction • Retours quali	• Taux de réponses envoyées • délai de réponse	
	• Arthur	• Arthur	
		• Logiciel paye	

La Vache Pourpre et son équipe construisent leur matrice d'enchantement des collaborateurs

Étapes du parcours collaborateur	L'évolution / la mobilité				L'offboarding		
moments de vérité	• Demande formation	• PFO MOOC	• Plan de formation	• Prise nouveau poste	• Entretien de départ	• Jour du départ	• Club alumni
actions à mener	• Accompagnement sur choix de la formation et modalités demande de financement • Construire un référentiel d'employabilité avec comparaison marché	• Refonte de la plateforme pour + de convivialité • Revoir catalogue des formations proposées en MOOC • Proposer des formations hors périmètre pro (activités sportives, créatives, philo…)	• Assurer un suivi annuel du plan de formation • Mettre en place une mesure des résultats		• Aucun collaborateur ne quitte l'entreprise sans un entretien de départ complet • Le taux d'entretiens de départ réalisés fait partie des objectifs des managers	• Définir un process de départ le jour J en période de télétravail	
indicateurs	• Taux de plan de formation • Taux de personnes formées / an	• Taux d'utilisation de la plateforme	• Taux d'entretiens annuels de suivi et révision du plan de formation		• Taux d'entretiens de départ réalisés		
organisations	• Équipe formation	• Équipe formation + SI	• Équipe formation		• RH + managers	• RH + managers	
outils et supports	• Logiciel GPEC	• Plateforme MOOC	• Logiciel GPEC		• Logiciel RH		

Le plan d'action expérience collaborateur

Dernière étape : prioriser les actions à mettre en place

Dans la dernière étape du travail sur l'expérience collaborateur, l'objectif est **de construire un plan d'action opérationnel.**

Sur la matrice d'enchantement, tous les moments clés sont importants pour l'expérience collaborateur. Ce sont tous des moments CLÉS. Mais vous n'allez probablement pas pouvoir travailler sur tous ces moments clés en même temps.

Pour prioriser les moments clés à travailler en premier, suivez votre bon sens, évaluez le rapport gain/effort, évaluez aussi la difficulté à mettre en place les actions identifiées ou le temps nécessaire. Faire voter les participants peut être une manière de faire.

Vous pouvez également adapter la méthode ICE en mettant une note de 1 à 5 sur ces 3 critères :

- Impact sur votre expérience collaborateur
- Confiance dans la réussite de l'action
- Facilité de mise en œuvre de l'action

Les actions qui auront obtenu la meilleure note globale seront prioritaires

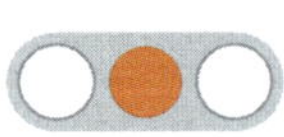

Les actions qui auront obtenu une note moyenne passeront après les actions vertes, avant les rouges

Les actions qui auront obtenu les moins bonnes notes globales seront gardées pour la fin du plan d'action

Étapes du parcours collaborateur	Le recrutement			L'intégration	
moments de vérité					
actions à mener	actions 1	actions 2	actions 3	actions 1	actions 2
indicateurs	indicateurs 1	indicateurs 2	indicateurs 3	indicateurs 1	indicateurs
organisations	organisations 1	organisations 2	organisations 3	organisations 1	organisatior
outils et supports	outils et supports 1	outils et supports 2	outils et supports 3	outils et supports 1	outils et supports 2
priorité des investissements	critère 1	critère 2	critère 3	critère 1	critère 2

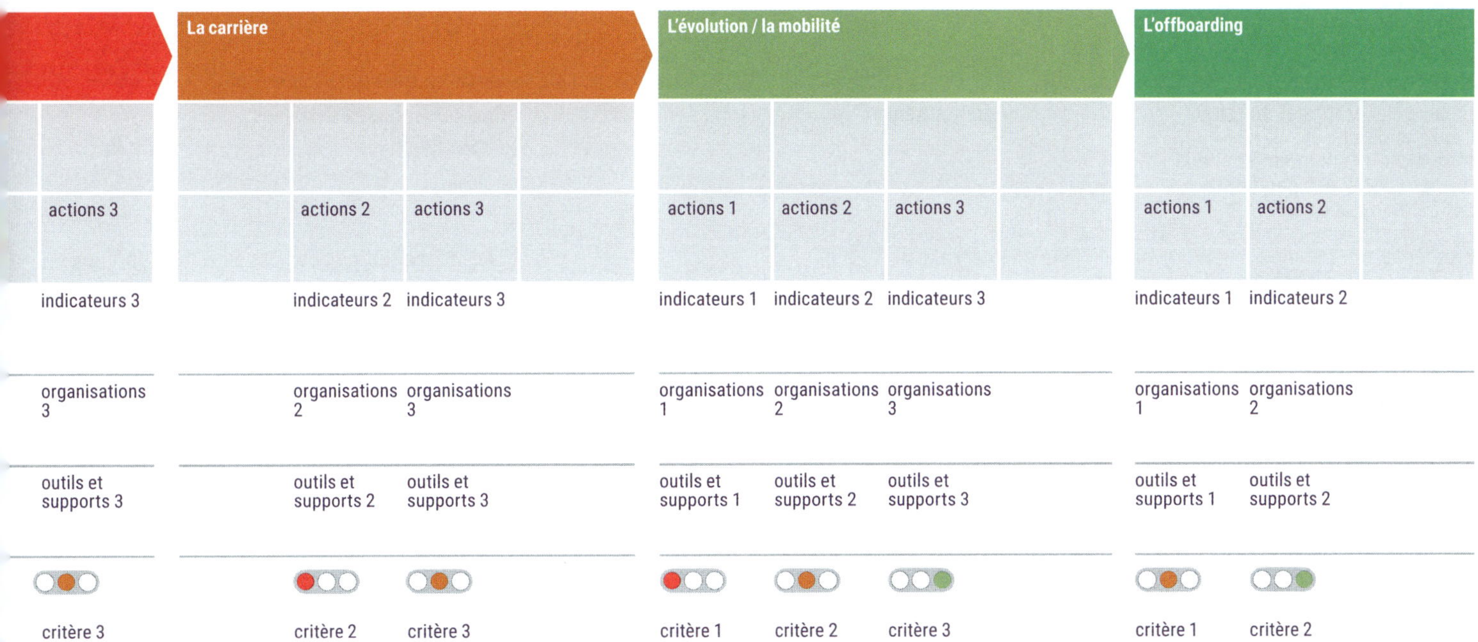

Ensuite, formalisez votre plan d'action sous la forme d'un tableau Excel, indiquant **les actions à mettre en place, le moment clé impacté, les indicateurs intermédiaires, l'organisation, le planning et le niveau de priorité** (pastilles rouges, vertes, oranges).

Retrouvons La Vache Pourpre et son équipe dans la priorisation de leurs investissements

	Actions d'acquisition	Phase impactée	Indicateurs intermédiaires
1	• Préciser délai et format du retour fait aux candidats • Communiquer clairement sur délai et format auprès des candidats • Possibilité de retour en live ?	• Recrutement	• Taux de réponses envoyées • Délai d'envoi
2	• Renforcer le programme mentor : revoir l'organisation et le recrutement des mentors pour qu'il soit proposé systématiquement	• Intégration	• Taux de mentoring des nouveaux collaborateurs
3	• Mise en valeur du programme mentor : actions de communication interne (interviews, témoignages)	• Intégration	• Taux de mentoring des nouveaux collaborateurs
4	• Aucun collaborateur ne quitte l'entreprise sans un entretien de départ • Le taux d'entretiens de départ réalisés fait partie des objectifs des managers	• Offboarding	• Taux d'entretiens de départ réalisés
5	• Refonte de la plateforme MOOC pour plus de convivialité • Revoir catalogue des formations proposées en MOOC • Proposer formations hors périmètre directement pro	• Mobilité/Évolution	• Taux d'utilisation de la plateforme
6	• Assurer un suivi annuel du plan de formation • Mettre en place une modalité de mesure de satisfaction sur ce sujet	• Mobilité/Évolution	• Taux d'entretiens annuels, évaluations et propositions plan de formation • Résultats mesure de satisfaction
7	• Clarifier le process et la communication autour du renouvellement de CDD	• Intégration	• À travailler avec les managers

Organisation	Planning	Niveau de priorité
• Amir	J + 2 mois	
• Responsable RH (Barbara)	J + 2 mois	
• Équipe communication	J + 2 mois	
• Responsable RH (Barbara) • Équipe managers	J + 3 mois	
• Responsable RH (Barbara) • Équipe SI	J + 3 mois	
• Responsable RH (Barbara) • Équipe formation	J + 6 mois	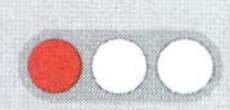
• Responsable RH (Barbara) • Management	En continu	

Si vous ne souhaitez pas vous lancer tout seul...

...faites appel
à 1min30
pour vous aider
à mettre en place

votre marketing RH

En quelques mots, 1min30 c'est…

Avec nos méthodes marketing innovantes basées sur l'intelligence collective et nos 4 métiers complémentaires (agence, conseil, formation, édition), nous vous aidons à relever vos différents challenges :

→ **définir votre marque employeur**

→ **construire votre stratégie d'acquisition collaborateur**

→ **améliorer votre expérience collaborateur**

1min30 au service des Ressources Humaines

Travailler avec 1min30, c'est bénéficier de nouvelles visions et méthodes du marketing centrées sur la marque employeur, l'acquisition candidat et l'expérience collaborateur.

Depuis sa création en 2012, l'agence est son propre laboratoire et elle a travaillé à des centaines de projets. Aujourd'hui elle partage son expérience à travers des formations pour les porteurs de projets et toutes les équipes RH qui cherchent l'autonomie et la performance.

Cela fait maintenant plusieurs années qu'elle perçoit la porosité des frontières entre les différents métiers, et la nécessité d'aborder la croissance de façon systémique en s'adressant à l'entreprise dans son ensemble...

...comme un bon généraliste aborde son patient !

Elle a donc développé ses propres méthodologies pour travailler sur la marque, sur l'acquisition et sur l'expérience, que l'on s'adresse à ses clients, ses candidats ou à ses collaborateurs.

1MIN30

Découvrez en détail
LA MÉTAPHORE DU BON GÉNÉRALISTE

L'offre d'1min30 pour les Ressources Humaines

Conseil

1min30 challenge et accompagne les organisations RH **par des ateliers d'intelligence collective,** pour réaligner les équipes autour de 3 enjeux majeurs :

- Marque employeur
- Acquisition candidat
- Expérience collaborateur

Formation

1min30 propose des formations par des experts de ses méthodes, **pour les consultants et les entreprises.**

Pour penser et déployer agilement les chantiers RH.

Agence

1min30 met à disposition de ses clients **son expérience et savoir-faire dans la réalisation des plans d'action RH.**

De la créativité, des méthodes de travail éprouvées, des talents, et des outils pour mettre en oeuvre et faire réussir vos stratégies.

Conseil

L'atelier marque employeur

L'atelier marque employeur, c'est un concentré de réflexion sur votre identité employeur pour faire émerger votre marque employeur différenciante, en 1 journée.

QUOI ?

- **1 atelier d'intelligence collective** d'une journée inspiré du Design Thinking réunissant vos équipes RH, marketing, communication et vente
- **1 méthode structurée,** inventée par 1min30, qui s'appuie sur la compréhension de votre identité et des attentes de vos collaborateurs

POURQUOI ?

- Définir une marque employeur authentique et différenciante
- Aligner et organiser vos équipes (RH, marketing, communication, vente, management...)
- Définir et prioriser vos actions pour communiquer votre marque employeur

Un atelier co-créatif en 4 temps

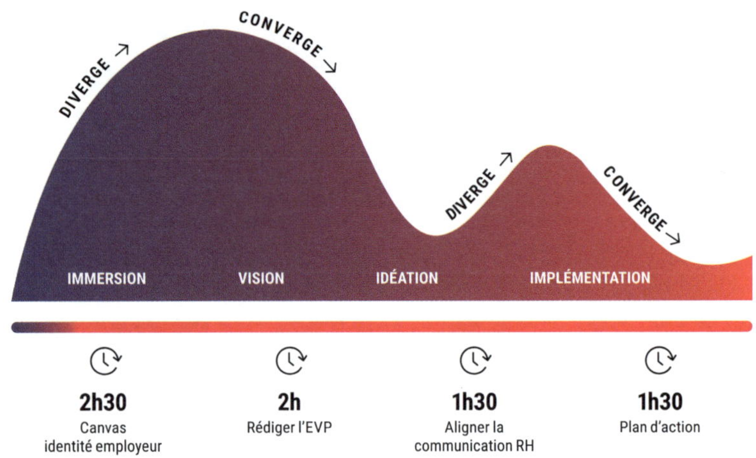

L'ATELIER MARQUE EMPLOYEUR
Plus d'infos en scannant le QR Code ci-contre

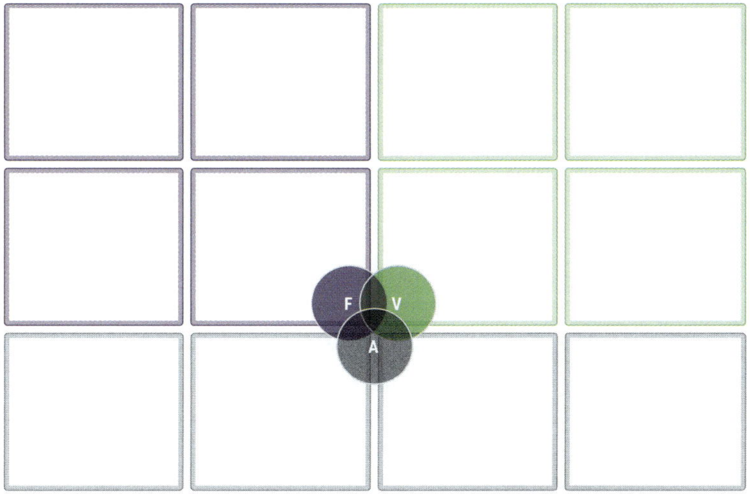

1 → Immersion Faites le tour de l'existant, avec la matrice de l'identité employeur

La matrice de l'identité employeur est un pilier de la méthodologie. Elle vous permet d'explorer en équipe les différentes dimensions de votre identité employeur et les attentes de vos collaborateurs. Vous obtenez une vision globale et structurante de votre proposition employeur au regard de ce qu'attendent vos candidats et collaborateurs.

2 → Vision Rédigez votre Employee Value Proposition (EVP)

L'EVP synthétise la proposition que vous faites à vos collaborateurs en échange de leur contribution à votre organisation. Elle est la raison pour laquelle vous êtes choisis en tant qu'employeur, et pas un autre. Apprenez à la rédiger en co-création.

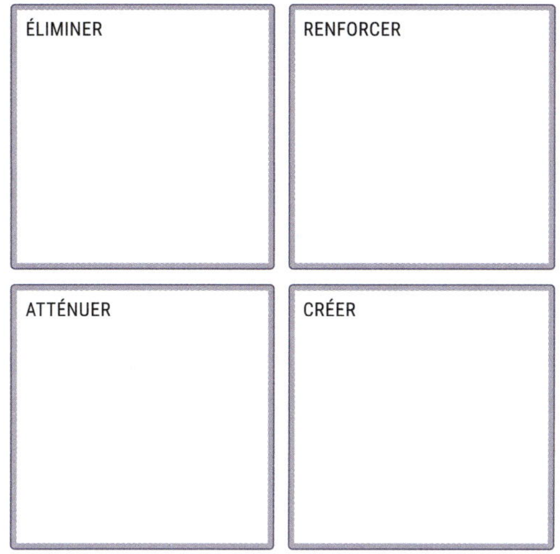

3 → Idéation Avec la matrice ERAC, explorez vos points forts et vos points d'amélioration

Vous dirigez un brainstorming à partir de la matrice ERAC (Exclure – Renforcer – Atténuer – Créer) pour identifier les points forts de vos pratiques employeur et les points à améliorer ou renforcer.

4 → Implémentation Priorisez vos investissements avec le Plan d'action

La priorisation des investissements vous aide à vous concentrer sur ce qui doit être accompli en premier. Vous pouvez ensuite construire votre plan d'action RH, en alignement avec les choix stratégiques de votre entreprise.

Conseil L'atelier stratégie d'acquisition candidat

L'atelier stratégie d'acquisition candidat est le point de départ de votre nouvelle stratégie pour recruter plus et mieux.

QUOI ?

- **1 atelier d'intelligence collective** d'une journée inspiré du Design Thinking réunissant vos équipes RH, marketing, communication et vente
- **1 méthode structurée,** inventée par 1min30, qui s'appuie sur la compréhension du parcours de votre candidat, pour identifier vos leviers de recrutement

POURQUOI ?

- Mieux comprendre vos candidats et attirer les meilleurs
- Aligner et organiser vos équipes (RH, marketing, communication, vente, management…)
- Définir et prioriser vos actions et vos investissements d'acquisition candidat

Un atelier co-créatif en 4 temps

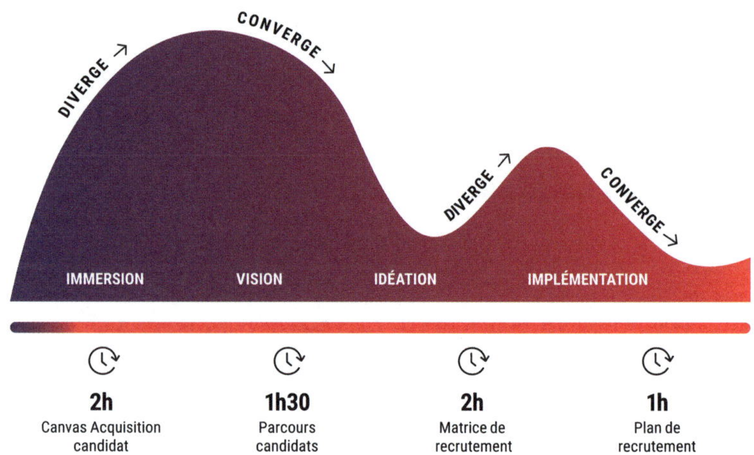

L'ATELIER STRATÉGIE D'ACQUISITION CANDIDAT
Plus d'infos en scannant le QR Code ci-contre

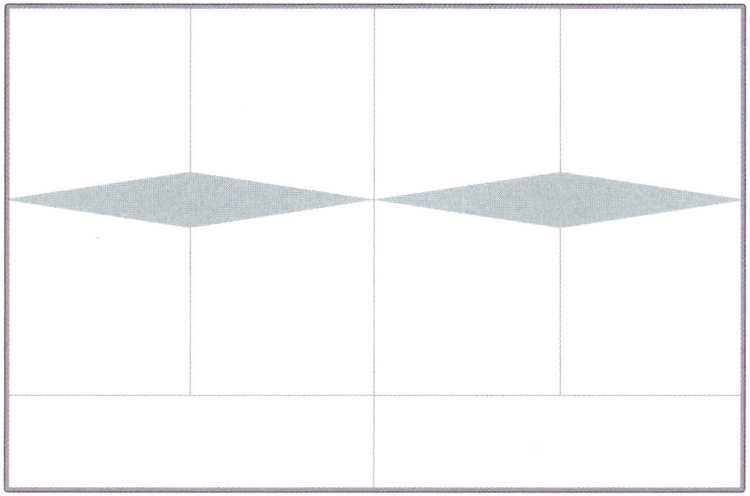

1 → Immersion Posez-vous les bonnes questions avec le Canvas d’Acquisition candidat

Vous apprenez à vous mettre à la place de votre candidat. Le Canvas vous incite à détailler le parcours de candidature et à vous mettre réellement dans la peau de votre candidat pour comprendre son chemin et les étapes à franchir vers la signature d’un contrat de travail.

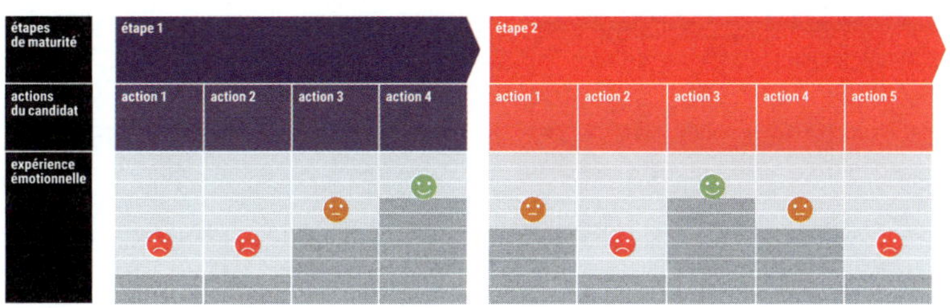

2 → Vision Mappez le parcours de votre candidat

Dans le parcours candidat, vous formalisez en détail les étapes et actions clés menées par le candidat. Tout part d’un besoin puis d’un comportement… à vous d’y apporter ensuite vos solutions.

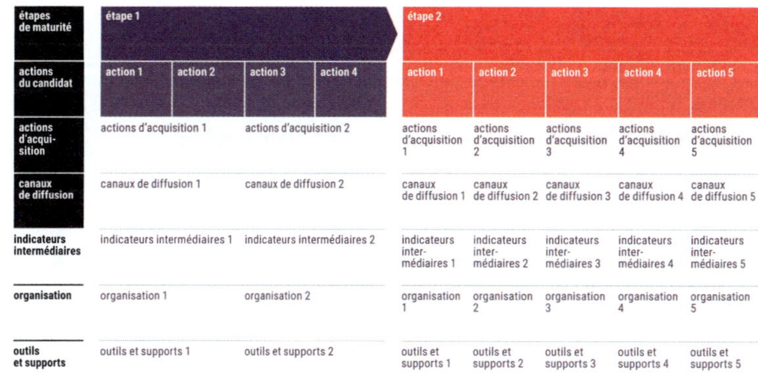

3 → Idéation Choisissez les bons leviers avec la matrice d’Acquisition

Vous assignez des leviers à activer pour répondre aux actions du candidat. A ce stade de la réflexion, ne vous mettez aucun frein. Brainstormez, imaginez, proposez, faites comme si tout était possible.

4 → Implémentation Priorisez vos investissements avec le plan d’acquisition

La priorisation des investissements vous aide à vous concentrer sur ce qui doit être accompli en premier et ce qui répond au meilleur rapport gain / investissement. Vous construisez ensuite votre plan d’action d’acquisition.

Conseil L'atelier expérience collaborateur

Posez les bases de votre nouvelle stratégie d'expérience collaborateur, celle qui boostera votre croissance grâce à des collaborateurs satisfaits, engagés et fidèles et qui le feront savoir autour d'eux et à leurs communautés.

QUOI ?

- **1 atelier d'intelligence collective** d'une journée inspiré du Design Thinking réunissant vos équipes RH, marketing, communication et vente
- **1 méthode structurée,** inventée par 1min30, qui s'appuie sur la compréhension des interactions collaborateurs/entreprise, pour identifier les leviers d'amélioration de l'expérience collaborateur

POURQUOI ?

- Fidéliser vos meilleurs collaborateurs
- Aligner vos équipes autour de la stratégie collaborateur
- Définir et prioriser vos actions et vos investissements pour améliorer l'expérience collaborateur

Un atelier co-créatif en 4 temps

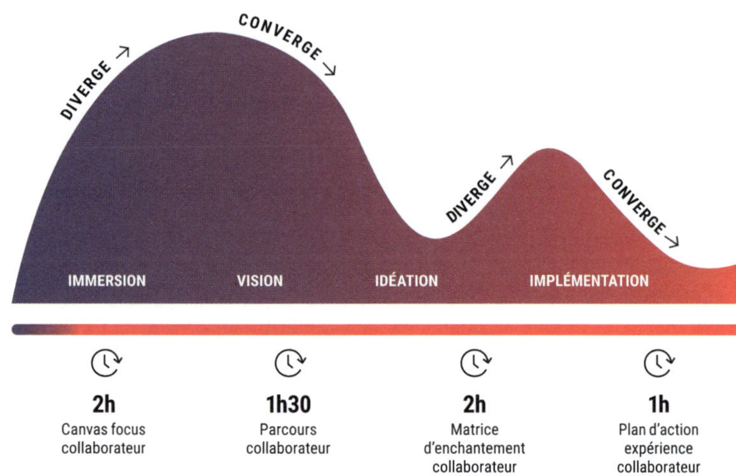

L'ATELIER EXPÉRIENCE COLLABORATEUR
Plus d'infos en scannant le QR Code ci-contre

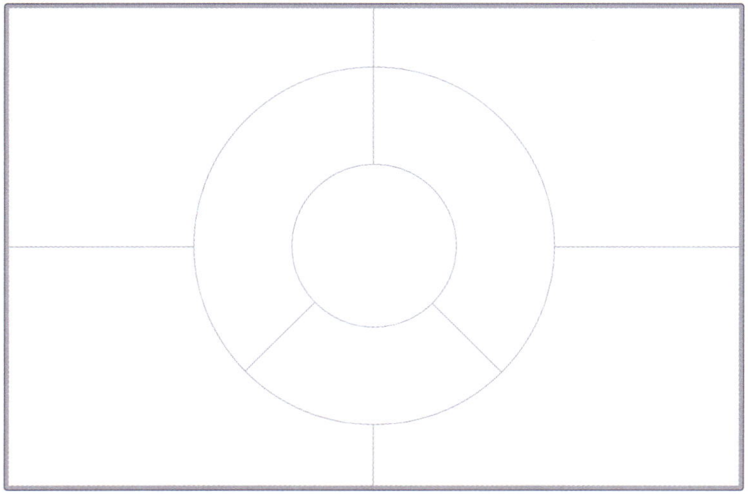

1 → Immersion Posez-vous les bonnes questions

Apprenez à vous mettre à la place du collaborateur auquel vous voulez délivrer la meilleure expérience. Vous vous mettez réellement dans la peau de votre collaborateur pour comprendre ses comportements, besoins, attentes et engagement par rapport à votre entreprise.

étapes du parcours collaborateur	le recrutement			l'intégration		
moments de vérité						

2 → Vision Mappez le parcours de votre collaborateur

Vous formalisez les principaux moments de vérité du collaborateur et de votre entreprise. Les moments de vérité sont les interactions qui forment ou modifient favorablement ou défavorablement le ressenti du collaborateur par rapport à la marque.

Étapes du parcours collaborateur		Le recrutement			L'intégration			
moments de vérité								
actions à mener	suppression des irritants	actions 1	actions 2	actions 3	actions 1	actions 2	actions 3	actions 4
	enchantements	actions 1	actions 2	actions 3	actions 1	actions 2	actions 3	actions 4
indicateurs		indicateurs 1	indicateurs 2	indicateurs 3	indicateurs 1	indicateurs 2	indicateurs 3	indicateurs 4
organisation		organisation 1	organisation 2	organisation 3	organisation 1	organisation 2	organisation 3	organisation 4
outils et supports		outils et supports 1	outils et supports 2	outils et supports 3	outils et supports 1	outils et supports 2	outils et supports 3	outils et supports 4

3 → Idéation Choisissez les bons leviers avec la matrice d'enchantement

Vous identifiez des leviers à mettre en oeuvre pour supprimer les irritants d'un moment de vérité, en fonction des comportements, besoins et attentes du collaborateur. Vous pouvez aller jusqu'à enchanter les principaux moments de vérité.

priorité des investissements	critère 1	critère 2	critère 3	critère 1	critère 2	critère 3

4 → Implémentation Priorisez vos investissements avec le plan d'expérience collaborateur

La priorisation des investissements vous aide à vous concentrer sur ce qui doit être accompli en premier en fonction de critères prédéfinis. La Direction et le management doivent être sensibilisés et impliqués, pour porter le succès de ce plan d'action.

Formation 1min30 propose des formations au marketing RH

Vous allez adorer les formations marketing RH 1min30 si vous voulez...

→ **Renforcer votre marque employeur et aligner vos expériences candidats et collaborateurs**

→ **Faciliter votre acquisition de talents**

→ **Créer de la valeur ajoutée à vos recrutements**

→ **Faire de vos collaborateurs vos meilleurs ambassadeurs**

- 3 formations pour rendre stratégique son marketing RH et déployer les méthodes les plus actuelles dans le domaine
- Des contenus et intervenants à la pointe du marketing RH, à même de vous faire progresser sur la dimension marketing de vos ressources humaines
- Une approche systémique et pragmatique permettant la mise en œuvre rapide de plans opérationnels et collégiaux

Construire sa marque employeur

- Analyser son positionnement, la perception interne, la concurrence
- Identifier les fondamentaux de la marque et sa proposition de valeur
- Travailler ses dimensions et codes d'expression
- Déployer sa marque employeur

Définir sa stratégie de recrutement

- Compréhension des enjeux du recrutement (concurrence, coût, bénéfice)
- Best practices dans l'identification des meilleurs profils, de leurs attentes et parcours de recrutement
- Canaux et moyens pour rendre son recrutement plus performant

Définir sa stratégie expérience collaborateur

- Stratégie et outils d'identification des écarts entre l'expérience vécue et l'expérience souhaitable
- Alignement autour de la proposition de valeur
- Les moyens d'actions pour enchanter l'expérience collaborateur

Chacune de ces 3 formations est dispensée dans un format type atelier. Vous travaillez sur un cas fictif vous permettant un apprentissage concret et applicable rapidement à votre propre entreprise.

Agence Le Creathon : une alternative aux compétitions d'agence

La méthode complexe Dans la réalisation d'un projet créatif, une entreprise peut faire appel à des agences pour qu'elles lui soumettent des concepts et des idées. Ces dernières sont en compétition pour remporter l'offre. Les compétitions d'agences sont des procédés complexes à organiser, car elles nécessitent une préparation importante, et beaucoup de temps de chaque côté.

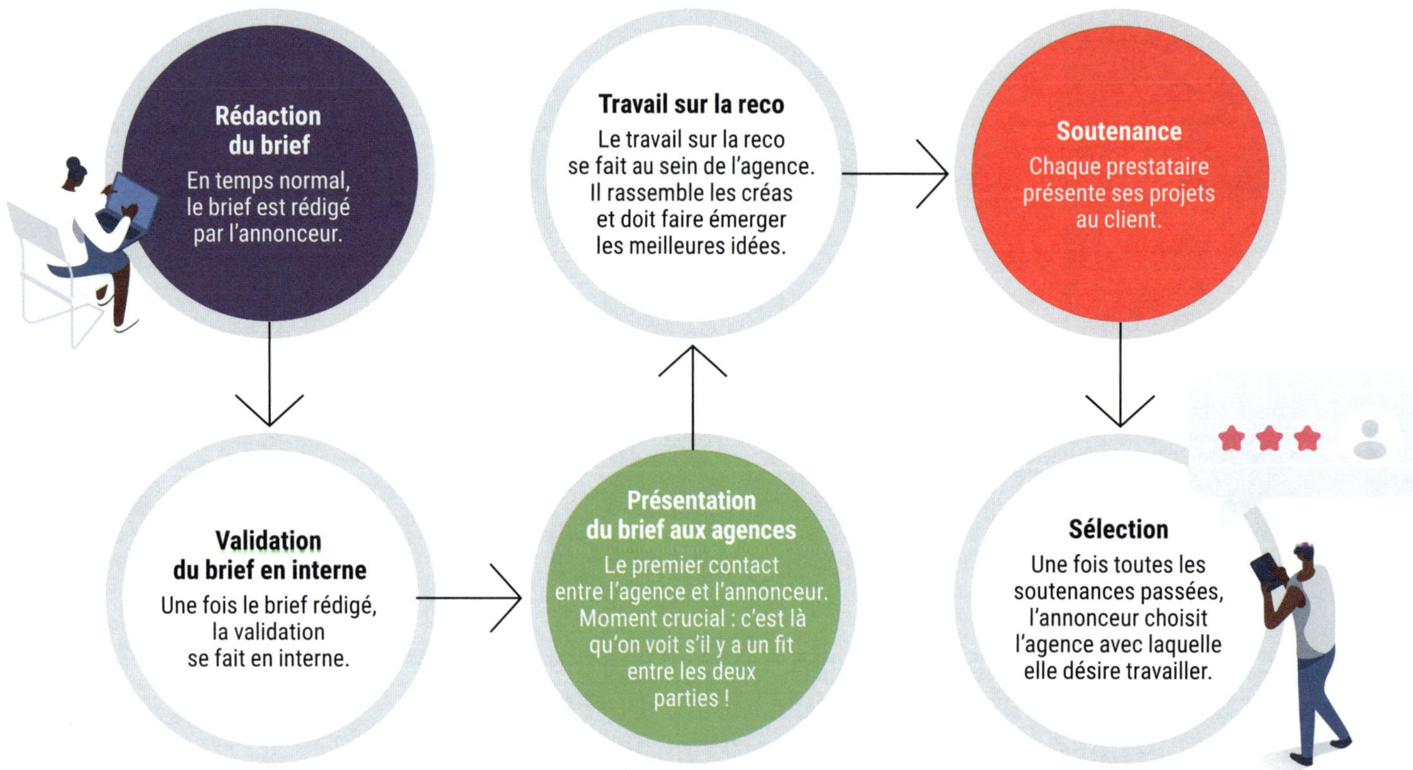

La méthode 1min30 en trois étapes

Le Creathon est un nouveau format de compétition qui a pour objectif de produire **un concept visuel en seulement 48h !** Il met en compétition des créatifs, et non plus des agences, qui donnent le meilleur d'eux-mêmes pour répondre à la demande du client dans le cadre d'un travail co-créatif.

1. **Co-rédaction** du brief créa
2. **Battle** des créatifs
3. **Élection** de la création gagnante

creathon®

Ses 6 bénéfices

- **Il est plus facile à organiser**
- **Il est plus juste**
- **Il garantit le respect du brief de l'annonceur**
- **Il est plus rapide**
- **Il est moins coûteux**
- **Il est co-créatif**

Plus d'infos en scannant le QR Code ci-dessous

Agence Des programmes pour mettre en œuvre votre stratégie

Nos programmes à 360° sont **agiles et itératifs**.

Lors de réunions stratégiques, animées par les consultants, les clients peuvent revoir et finaliser les livrables en cours, ajuster la stratégie en fonction des résultats obtenus afin de planifier de nouveaux livrables.

Chaque mois, et selon leurs investissements, les clients bénéficient **d'un nombre de points qu'ils peuvent convertir en lots.**

Ce système de points leur permet **d'adapter en permanence leur stratégie** en restant dans l'enveloppe définie au départ.

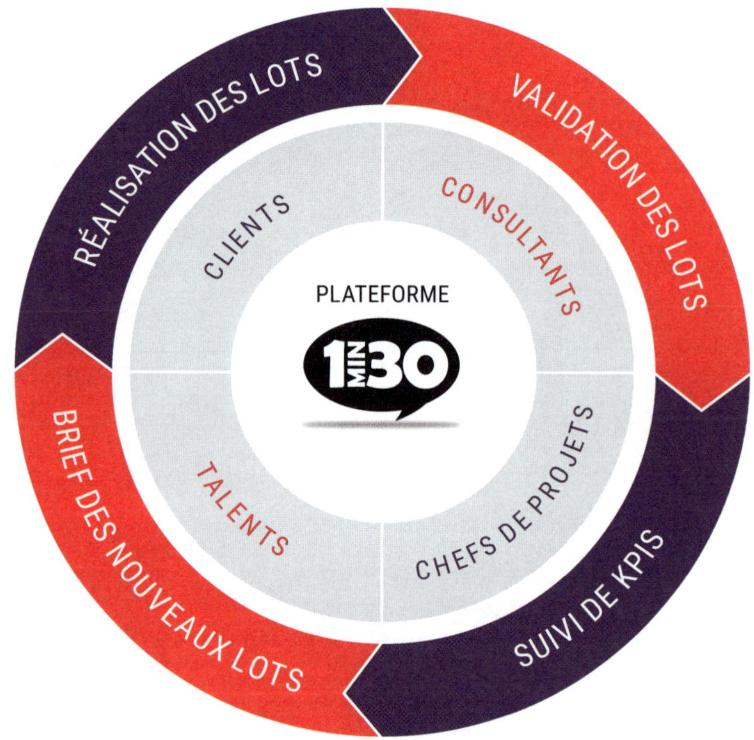

NOTRE DISPOSITIF D'ACCOMPAGNEMENT
Plus d'infos en scannant le QR Code ci-contre

La gestion de projet est centralisée sur la Plateforme Plus d'1min30, accessible par le client, le consultant, les talents, les commerciaux et les chefs de projet.

Elle vous permet de
- suivre l'avancée du projet
- fluidifier la gestion de campagnes
- contrôler la production de contenus
- faciliter l'utilisation de notre système de points.

Cette gestion méthodique, suivie par un chef de projet en interne, vous offre une visibilité et une transparence totales sur les projets en cours !

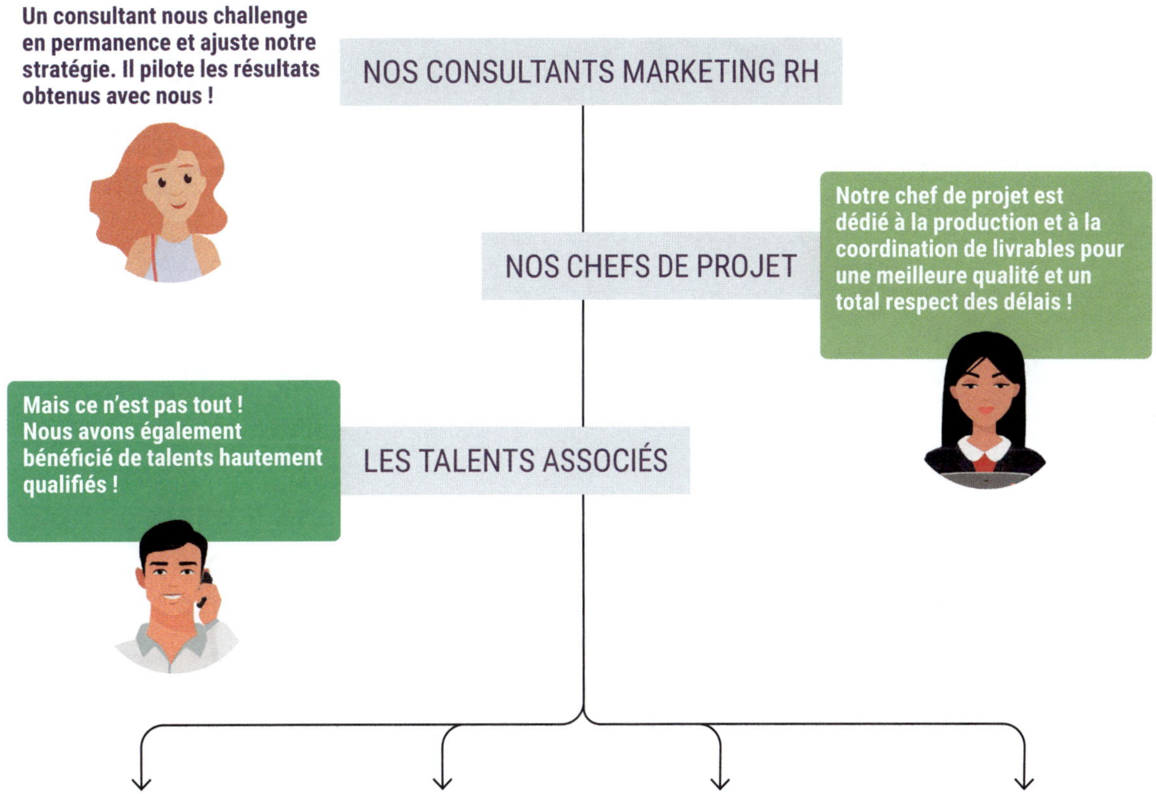

Production de contenus

Sites carrière, Articles, Livres Blancs, Newsletters, Vidéos, Podcasts, Tutos, Livres, Pages de jobboards etc.

Relations presse et community management

Presse Institutionnelle, Influenceurs, Ambassadeurs, Employee Advocacy, Animation viviers de talents etc.

Gestion de campagnes et d'outils

SEO, SEA, Automation, Intégration d'API, etc.

Création et exécution

Concept créatif, Illustration, Infographie, Motion design, etc.

Les méthodologies 1min30

Acquisition Strategy Design, plan marketing nouvelle génération

Parce qu'il n'existait pas de méthode simple et structurée pour construire ses plans marketing…

Nous avons inventé **l'Acquisition Strategy Design,** une approche systémique centrée sur le parcours client pour :

- Concevoir sa stratégie d'acquisition client
- Organiser et aligner ses équipes Marketing, Communication et Ventes
- Définir et prioriser ses actions et ses investissements d'acquisition client.

LA MÉTHODOLOGIE :
Plus d'infos en scannant le QR Code ci-contre

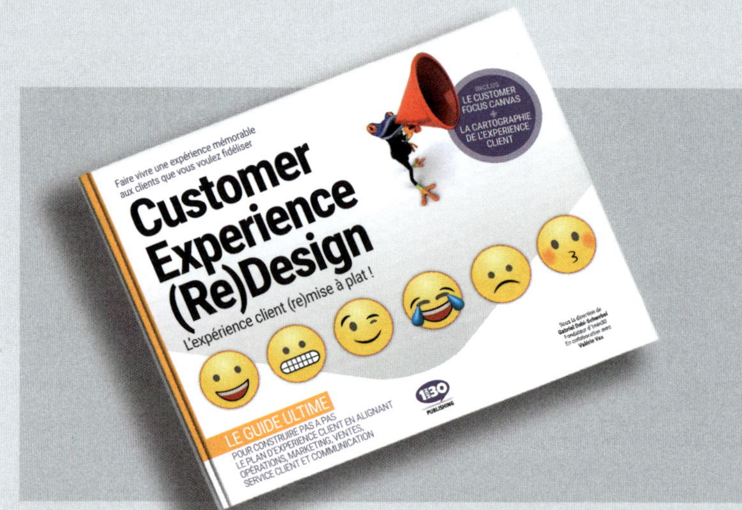

Customer Experience (re)Design

La méthode pour faire vivre une expérience mémorable aux clients que vous voulez fidéliser

Customer Experience (Re)Design est une méthode simple et structurée, centrée sur la réinvention de votre stratégie d'Expérience Client, pour construire pas à pas votre plan d'expérience client. Cette méthode a été conçue pour vous permettre :

- de fidéliser vos meilleurs clients ;
- d'aligner vos équipes Opérations, Marketing, Communication, Vente et Service Client ;
- de définir, prioriser vos actions et vos investissements en expérience client.

LA MÉTHODOLOGIE :
Plus d'infos en scannant le QR Code ci-contre

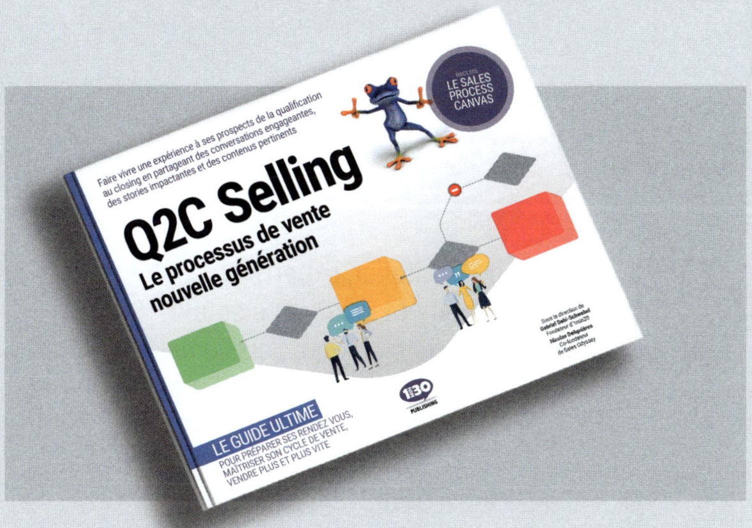

Q2C Selling

Le processus de vente nouvelle génération

Q2C Selling est une méthode simple et structurée pour construire pas à pas votre processus de vente optimal et créer une expérience de vente efficace pour vos prospects.

Cette méthode à été conçue pour vous permettre de :

- Convertir plus et plus vite grâce à un processus de vente efficace ;
- Mieux piloter votre activité commerciale et identifier ses éventuelles lacunes ;
- Former plus efficacement vos équipes et réduire l'impact du turnover.

LA MÉTHODOLOGIE :
Plus d'infos en scannant le QR Code ci-contre

Et les autres ...

- **Challenger son organisation**
- **Construire sa marque**
- **Définir son offre**
- **Développer son marketing international**

Remerciements

Un grand merci à toutes ces personnes pour leurs idées et leurs contributions pertinentes

Jean-Noël Chaintreuil, CEO de Change Factory, pour la richesse de ses réflexions et de nos échanges sur l'expérience collaborateur

Benjamin Chrétien, consultant marketing et communication, pour ses idées et ses propositions

Jérémie Dornbusch, directeur marketing d'1min30 pour la coordination du projet

Julia Drupt, consultante acquisition d'1min30 pour ses contributions sur les différentes méthodes et sa relecture avisée

Bertrand Espitalier, expert de l'engagement, pour sa relecture et ses questionnements pertinents

Jean Pierre Giron, consultant RH et recrutement dans la french tech, pour son partage d'expérience sur le recrutement et l'expérience collaborateur

Bertrand Grousset, pour son formidable et patient travail de mise en page

Christophe Kuhner, consultant marketing, pour ses apports éclairants sur les méthodes et son regard « out of the box »

Carole Leprovost, experte RH et talents, pour son regard professionnel et ses remarques avisées

Séverine Loureiro, auteure, conférencière et experte expérience collaborateur, pour sa contribution précieuse sur le sujet

Pierre Menant, fondateur de Jazz Conseil, spécialiste de la transformation des organisations, pour ses apports précieux et son partage d'expérience

Camille Morvan, co-CEO et cofondatrice de Goshaba, pour la richesse des échanges sur la marque employeur et le processus de recrutement

Yann Schimmer, éditeur d'1min30 Publishing pour la coordination du projet

Hervé Solus, CEO de DigitalRecruiters, pour son formidable partage d'expertise sur le sujet de l'acquisition candidat

Valérie Vax, consultante marketing pour ses contributions précieuses sur les méthodes et leur application par La Vache Pourpre ainsi que pour sa relecture rigoureuse

Index

Imprimerie Pulsio
ISBN 978-2-37774-035-2
Dépot légal Mai 2021

Création graphique Bertrand Grousset
Diffusion CED
Distribution Daudin

PUBLISHING

75 rue de Belleville
75019 Paris